＼これならわかる／

改正民法と不動産賃貸業

弁護士 中島 成

日本実業出版社

まえがき

　2017年（平成29年）5月26日、民法改正、債権法改正のニュースが大きく報道されました。この日、民法制定以来121年を経て、民法の中の債権に関する部分の大改正が成立したのです。この改正法は2017年（平成29年）6月2日に公布され、施行日は2020年（令和2年）4月1日です。

　債権とは、特定の人や会社等に対して請求できる権利のことで、契約によって発生する様々な請求権がその代表です。そこで今回の民法改正は、契約に関する法の改正と言われることもあります。

　不動産賃貸業も、賃貸借契約、保証契約を始め、業務委託契約、保証委託契約、家賃回収代行契約、不動産や動産の売買契約、修繕契約等、多数の契約によって成り立っているビジネスであるため、今回の民法改正の影響を大きく受けます。また、賃貸人、賃借人、テナント、不動産賃貸管理業者、保証会社等、不動産賃貸業に関わる人達は極めて多数にのぼりますから、それらの人々の利益を調整する民法のルールがどうなったかを知ることは、たいへん大切です。

　本書は、それら不動産賃貸業に関わるすべての人々のために、不動産賃貸業に関するルールがどのように改正され、具体的にどのような場面で影響が生じるのかを、正確に、わかりやすく、簡潔に、かつできるだけ網羅的に説明するものです。
　また、民泊についての新法も2017年（平成29年）6月9日に成立したことから、不動産賃貸業と民泊の関係についても簡潔に説明しています。

　本書が不動産賃貸業に関わるすべての人々のお役に立つことができれば幸いです。

2019年（令和元年）12月　　　　　　　　　　　　　　　　中島　成

※本書記載の条文は、特に法令名の記載がないかぎり改正民法の条文を表しています。本書の内容は2019年（令和元年）12月1日現在で公布されている法令等に基づいています。

これならわかる改正民法と不動産賃貸業
もくじ

まえがき

第1章 民法（債権法）改正と不動産賃貸業の関係

1 民法（債権法）大改正の経緯、不動産賃貸業との関係 ……………… 6
2 民法大改正が不動産賃貸業に影響を与える三つのポイント ……… 8

第2章 保証ルールの改正と不動産賃貸業

3 賃貸借契約の個人保証には極度額の設定が必要（1） ……………… 12
4 賃貸借契約の個人保証には極度額の設定が必要（2） ……………… 14
5 個人保証人の具体的な保証範囲は
　　賃貸借期間中でも決まってしまうことがある（1） ……………… 16
6 個人保証人の具体的な保証範囲は
　　賃貸借期間中でも決まってしまうことがある（2） ……………… 18
7 家賃以外で生じる保証人の責任。
　　賃借人が自殺したらどうなる？ ……………………………………… 20
8 保証会社が保証する場合 ……………………………………………… 22
9 賃借人が財産状況を説明しなければ
　　保証契約が取り消される ……………………………………………… 24
10 賃貸人の保証人への説明義務 ………………………………………… 26

11 滞納家賃を分割払いにする約束をしたのに
　　守られなかったときの賃貸人の情報提供義務 ……… 28
12 事業のために借入れをする場合の個人保証人 ……… 30

第3章　賃貸借ルールの改正と不動産賃貸業

13 賃貸中の建物を売却したら大家は誰になる？ ……… 34
14 賃貸中の建物が売却されたとき、売却前に賃借人が支出していた
　　修繕費の支払義務を負うのは売主、それとも買主？ ……… 36
15 サブリース物件の所有者は、直接自分に家賃を払うよう
　　居住者に請求できるか ……… 38
16 サブリースで元の賃貸借契約が解除されたら、
　　居住者は退去しなければならないか ……… 40
17 敷金の性質、賃借人への返還時期 ……… 42
18 賃貸物件を売却したとき、賃借人に敷金返還義務を負うのは
　　売主と買主のどっち？ ……… 44
19 賃貸人は、敷金が差し押さえられても
　　滞納家賃に敷金を充当できるか ……… 46
20 賃貸人も修繕義務を負わない場合がある ……… 48
21 賃借人の修繕権 ……… 50
22 一部使用できなくなったら家賃はどうなる？ ……… 52
23 一部使用できなくなったのが賃借人の責任でも、賃借人は
　　賃貸借契約を解除できるか ……… 54
24 賃借人の原状回復義務（１） ……… 56
25 賃借人の原状回復義務（２） ……… 58
26 賃借人が建物に附属させた物の撤去 ……… 60

27	賃借人は賃貸物件の使用妨害をやめるよう請求できるか	62
28	用法違反による損害賠償請求権の消滅時効	64
29	賃貸借契約の最長期間に制限はあるか	66

第4章 その他のルールの改正と不動産賃貸業

30	家賃の消滅時効期間	70
31	協議による時効の完成猶予	72
32	家賃滞納等の場合の遅延損害金の利率	74
33	賃貸人の債権者が、家賃を自分に払えと賃借人に請求できるときがある	76
34	将来発生する家賃請求権を譲渡できるか	78
35	賃貸借契約を解除できない場合	80
36	不動産賃貸借契約と定型約款	82
37	契約自由の原則と暴力団排除条項	84
38	賃借人が賃貸借契約の解除通知を受領拒否した場合、解除の効力は生じるか	86
39	民泊は旅館業か、賃貸業か	88
40	民泊と無断転貸、居住用マンションと民泊	90
41	改正民法施行前に締結された賃貸借契約には、施行後、旧法と新法のどちらが適用されるか	92

索引　93

装丁／三枝未央
本文ＤＴＰ／一企画

第1章

民法（債権法）改正と不動産賃貸業の関係

1 民法（債権法）大改正の経緯、不動産賃貸業との関係

今回の民法改正は、債権法といわれる分野を1896年（明治29年）の民法制定以来、初めて大改正するもの

 ### 民法制定以来121年ぶりの大改正

民法は、国民の経済や生活の基本法で、1050条まである大法典です。1896年（明治29年）に制定され、戦後の新憲法制定に伴い1947年（昭和22年）に民法の中の親族・相続の分野が全面的に改正されました。しかし、同じく民法の中の債権法の分野は一度も大改正されたことがなく、2017年（平成29年）5月26日に成立した改正が、民法制定以来121年ぶりの大改正となりました。

改正民法は、2017年（平成29年）6月2日に公布され、施行日は2020年（令和2年）4月1日です。

公布後施行までに約3年という長い期間をかけた理由は、民法（債権法）が国民経済の基本法であること、今回の改正が広い範囲に渡る大改正であること、そのため相当の期間をかけて国民に周知する必要があるからです。

 ### 債権法とは何か

今回の民法改正は、改正の対象が主として民法の中の「債権法」といわれる分野であるため、「債権法改正」ともいわれています。

「債権」とは、特定の人に対して請求できる権利のことです。請求権といったほうがわかりやすいでしょう。「債権法」とはこの債権（請求権）に関する法律です。債権は、いろいろな契約によって発生しますから、今回の民法改正は、「契約に関する法」の大改正なのです。

現代社会では、個人であろうが会社であろうが、多数の契約によって経済的基盤が築かれています。ですから今回の改正は、社会に大きな影響を与えるものです。

改正民法と不動産賃貸業

　不動産賃貸業もさまざまな契約によって成り立っています。たとえば、マンションやアパート、駐車場の賃貸借契約、不動産物件の売買契約、物件の管理契約、保証契約や保証委託契約、家賃収納代行契約等々です。不動産賃貸業も、改正民法の影響を大きく受ける分野なのです。

 ### 民法はなぜ改正されたのか

　改正の理由は、一言で言えば、ルールのアップデートです。民法制定以来長年蓄積してきた判例や解釈を整理したうえ、これらをできるだけ民法自体に取り入れ、民法というルールをアップデートすることです。その際、できるだけわかりやすい言葉使いにすることも目指されました。

 ### 法務大臣の検討指示から8年

　少し細かく改正経緯をみておきますと、2009年（平成21年）、社会・経済の変化に対応を図る等を目的として、法務大臣が民法（債権法）の改正についての検討指示を出しました。これを受けて同年11月、法制審議会民法（債権法）部会が設置され、2013年（平成25年）3月の中間試案公表、2014年（平成26年）8月の改正要綱原案承認を経て、翌2015年（平成27年）の通常国会に民法改正法案が提出されました。ところがなかなか成立せずに審議が継続され、結局、2017年（平成29年）5月、法務大臣の指示から8年かけて成立しました。

◆民法（債権法）の大改正◆

2 民法大改正が不動産賃貸業に影響を与える三つのポイント

今回の民法改正が大きな影響を不動産賃貸業に与える分野は、保証ルール、賃貸借ルール、その他のルールの3分野に分けられる。賃貸借のみならず、保証やその他の分野の改正も非常に重要

 保証ルールの改正（本書の第2章）

　実はこの分野の改正の中に、不動産賃貸業に関する改正の最重要ポイントといえるものが含まれています。

　それは、賃貸借契約に個人保証をつける場合は、保証人が責任を負わされる最大限度額を契約で定めておかなければ、保証契約は無効になること（465条の2。本書で単に条文が記されている場合は、改正民法の条文です）、また、事業のために物件を賃借する場合に個人保証をつける場合は、賃借人がその財産状況をきちんと保証人に説明しておかなければ、保証契約が後で取り消されることがある（465条の10）という点です。

　いずれもまったく新しいルールの新設です。効果が重大ですから、不動産賃貸業としては十二分に検討・対応しておく必要があります。

 賃貸借ルールの改正（本書の第3章）

　不動産賃貸業に影響を与える改正として、ずばり「賃貸借」と題された一群の規定の改正があります（601条～622条の2）。

　この分野では、改正民法によって、敷金に関する規定が新設された他、通常の使用による賃貸物件の損傷の原状回復義務が賃借人にあるか否か、賃貸物件を売却したときの敷金返還義務の取り扱い、賃貸人が修繕義務を負わない場合、賃借人の修繕権、物件の一部が使用できなくなった場合の家賃の取り扱い、賃借人が物件に備え付けた物の退去時の取り扱い、物件の使用方法違反で生じた損害賠償請求権の消滅時効期間等々が初めて明文化されています。

　重要なことは、これら改正内容を知ることだけではなく、改正による効果が賃貸借契約に強制されるものか（強行規定）、それとも契約がな

い場合にどうなるかを定めるものにすぎないのか（任意規定）を知ることです。

たとえば、敷金をいつ返還すべきかが初めて定められたところ（622条の2第1項1号）、それ以外の時期に返還するという契約を締結したら有効なのか無効なのか、通常使用による損傷は賃借人に原状回復義務はないと定められたところ、それと異なる契約をすることはできるのか等です。

その他のルールの改正（本書の第4章）

その他の分野でも、たとえば、法定利率が固定制から変動制になって改正民法施行時にはまず年3％になり、これが滞納家賃の請求における遅延損害金利率に影響を与えます。また、将来の家賃請求権を担保に入れられることが規定されたり、滞納家賃の支払請求をしたら一部だけしか払われなかった場合でも賃貸借契約を解除できないことがあり得る等、不動産賃貸業に影響を与える改正が行われています。

民法大改正への備え

したがって、不動産賃貸業に関わる多くの人たち＝物件のオーナー、賃貸不動産の仲介・管理業、ディベロッパー、家賃保証業、さらには将来賃借人や賃貸借契約等の保証人になるであろう人たちも、今回の民法大改正が与えるこれらの影響をまずは大まかに、しかし正確に知って民法大改正に備える必要があるのです。

◆**不動産賃貸業に大きな影響を与える改正分野**◆

保証ルール	賃貸借ルール	その他のルール
極度額	物件売却時の敷金返還義務	法定利率の変動制
保証範囲の確定	通常損耗の原状回復義務	将来の家賃債権の担保化
保証人の取消権	賃貸人の修繕義務の範囲	家賃不払いと契約解除
賃貸人の説明義務	賃借人の修繕権	時効の完成猶予
等	一部使用不能時の家賃	等
	賃借人備付品の退去時の扱い	
	損害賠償請求権の消滅時効	
	等	

第2章

保証ルールの改正と不動産賃貸業

3 賃貸借契約の個人保証には極度額の設定が必要（１）

改正民法は、個人が賃貸借契約の保証人になる場合は、保証人が負担する最大限度額を書面等で契約しなければ保証は無効、というルールを新設した

 個人保証人保護の拡大

　お金を借りる契約から生じる債務（以下「貸金債務」）の個人保証人を保護するため、2004年に、一定の範囲で生じる不特定の貸金債務を個人が保証する場合は、保証契約が書面等でされなければならず、かつ、保証人が負担する最大限度額を契約で定めなければ保証は無効、というルールが設けられていました。この最大限度額を極度額と呼びます。

　たとえば、Ａ銀行のＢ社に対する融資契約によって将来生じる不特定の借入債務の保証人にＢ社の社長がなる場合、社長が保証人として負担する最大限度額が保証契約書で定められていなければ、その保証は無効です。

 改正民法で賃貸借契約の個人保証人も保護の対象となった

　今回の改正は、この「一定の範囲で生じる不特定の債務の個人保証」（以下「個人根保証（ねほしょう）」）に対する保護を、貸金債務の保証に限ることなく、個人根保証一般について拡大しました。

　賃貸借契約の個人保証人も、賃貸人Ａと賃借人Ｂの賃貸借契約という一定の範囲から生じる債務で、将来の家賃等という不特定の債務を個人で保証するわけですから、個人根保証人に当たります。

　そこで、改正民法の下では、賃貸借契約の保証人に個人がなろうとする場合は、極度額を書面等で定めなければ、保証契約は無効です（465条の２）。書面「等」という理由は、書面の他にも電磁的記録（パソコンのハードディスクやＣＤなどの記録）でもよいとされているからです（465条の２第３項）。

　これはまったく新しいルールです。賃貸借契約締結の際、十分に注意する必要があります。

極度額とは何か

　極度額とは、保証人が負担することになる金額の最大限です。
　家賃自体の他、家賃滞納の利息や遅延損害金、賃貸借契約から生じる違約金や損害賠償等、保証債務に関するすべてを含んで、最大限保証人が負う可能性のある限度額のことです。
　これが書面等ではっきりと示されて、それでも保証人となるか否かを慎重に判断させようというわけです。
　個人ではなく会社等の法人が賃貸借契約の保証人となる場合は、個人保証人と異なり、保証契約に極度額を定めることは改正民法も要求していません。会社はビジネスを業としているので、リスクを負うかどうかは自社のビジネス上の責任で判断すべきだからです。

 ## 賃貸借契約と極度額

　滞納され続けた家賃の全額を一度に保証人に請求する場合は、それが極度額の範囲か否かはすぐにわかります。
　しかし、最初の家賃滞納がなされた時点でそれを保証人から払ってもらい、その後賃借人が滞りなく払い続け、その後また滞納があって保証人に払ってもらう、ということを繰り返す場合もあります。
　この場合、たとえば、極度額が100万円で、既に保証人がそれまでに90万円払っていたときは、最後の滞納分がたとえ20万円だったとしても、もはや10万円しか保証人に請求できません。100万円の枠内だから最後の20万円は払ってもらえるということにはなりませんので、注意が必要です。

◆個人根保証契約をするときの注意点◆

極度額を定め、書面等で契約しなければ保証契約は無効

4 賃貸借契約の個人保証には極度額の設定が必要（２）

極度額は、具体的な金額だけでなく、家賃10か月分というような定め方でもよい。過度に高額な定めは無効となる可能性がある

 ### 極度額の定め方

　改正民法が賃貸借契約の個人保証人との保証契約で極度額を定めなければならないとした趣旨は、自分が負うことになるかもしれない最大額を認識させ、慎重に自主的に保証人になるかを個人に判断させるためです。

　そこで、極度額は固定された額であることが重要で、必ずしも300万円とか1000万円などの具体的な金額である必要はありません。たとえば「家賃10か月分」という定め方も有効と解されます。ただし、家賃が上がればその分極度額も上がるというのでは、保証人が最大責任額を認識できませんから、賃貸借契約開始時の家賃10か月分として金額が固定されるようにすることが必要です。家賃の増額に応じて極度額も増額されるという決め方であれば、その極度額の定めは無効と解されます。

 ### 極度額の大きさに明文の規制はない。しかし過大な極度額は無効とされる可能性がある

　改正民法は、個人保証人の極度額の上限を定めていません。
　それでは古い木造２階建てのアパートで家賃８万円の物件の個人保証人の極度額を10億円と定めることは有効でしょうか。
　これは無効となる可能性が高いと解されます。なぜなら、木造２階建てのアパートで家賃８万円の物件の保証人の責任を10億円とすることは、実質的に極度額を定めないことと同じだからです。これでは最大責任額を示して保証人となろうとする者に慎重、自主的に保証人となるかを判断させるという改正民法の趣旨が全うされず、とにかく保証人にさせるだけということにもなってしまいます。したがって、このケースでは、極度額の定めは公序良俗に反して無効とされる可能性が高いと考えられ

ます。

　賃貸人側としては、いちいち極度額を検討するのは面倒だし、家賃以外にもどんな損害が発生するかわからないので、たとえば一律10億円と保証契約書に印刷しておくのはどうか、と考えたくなるかもしれません。しかし、それではいざ保証人に請求しようとするとき、保証人からこんな極度額の定めは無効、と主張されるリスクがあるのです。

　極度額は、家賃額、物件がどのようなものか、保証目的、保証人の資力、予想される損害の内容、家賃滞納があったときにただ放置し続けるのでなく、支払いを催促したり、場合によっては賃貸借契約を解除して明け渡し求める等賃貸人側が合理的な行動をとること、これらを前提とした合理的な範囲内で定められるべきものなのです。

 極度額の定めが無効となったらどうなる？

　上のケースで10億円という極度額の定めが無効とされたら、保証人の責任はどうなるのでしょうか。せめて、賃借人が滞納した8万円の家賃3か月分くらいは保証人に払ってもらえるのでしょうか。

　結論からいうと、払ってもらえません。極度額の定めが無効になれば、まったく保証人に請求することはできないのです。なぜなら、改正民法は、極度額を定めなければ個人根保証契約は無効と定めており（465条の2第2項）、極度額の定めが無効となれば初めから極度額が定められていなかった場合と同じになるからです。

◆極度額の性質◆

極 度 額

- 個人保証人が自分が負うことになるかもしれない最大額
- 固定された額であれば、「○円」という定め方以外にも、「賃料○か月分」という定め方も有効
- 極度額の定めが無効となった場合 一切保証人に請求することはできなくなる

5 個人保証人の具体的な保証範囲は賃貸借期間中でも決まってしまうことがある（1）

改正民法は、賃貸借契約の個人保証人が保証する範囲が決まる場合を具体的に定めた

 保証する範囲とは何か

　保証人が責任を負わなければならない範囲は広く、賃貸借契約で賃借人が賃貸人に払わなければならない債務をすべて含みます。毎月の家賃のみならず、賃貸物件の設備を壊した損害とか、放置された物の撤去費用とか、場合によっては部屋で自殺をして他に貸せなくなったことによる損害も含みます。通常は、保証人はこれらすべてについて保証する責任があります。

　しかし、改正民法は、個人保証人の保護を図る観点から、一定の場合は保証する範囲が確定して、それ以降新たに発生する債務を保証する必要はない、としました。賃貸借契約の個人保証人が民法によってこのような保護を受けるのは初めてです。賃貸人、賃借人、保証人共に十分注意しておく必要があります。

 どのような場合に保証する範囲が確定するか

　改正民法は、次の場合、個人保証人の保証する範囲は確定すると定めました（465条の4）。ここで保証する範囲が確定するとは、融資であれば元本が確定するという意味であり、不動産賃貸借であれば保証の対象となる未払い賃料額等が確定するという意味です。これらの確定のことを改正民法では「元本の確定」と表現しています。改正民法が元本が確定する場合として定めているのは次の三つです。
①主たる債務者、または保証人が死亡したとき
②保証人が破産したとき
③保証人の財産に強制執行等がされたとき
　順に見ていきましょう（②、③は **6** 項を参照）。

①賃借人または保証人が死亡したとき

賃貸借契約では、賃借人が主たる債務者で、賃貸借契約上の債務を本来払わなければならない人です。その賃借人が死亡したときは、個人保証人が保証する範囲（元本）が確定し、それ以降生じる家賃等について保証人は責任を負いません。

◆賃借人の死亡による元本の確定◆

賃借人が死亡しても賃貸借契約は終了せず、相続人が賃借人の地位を引き継ぐ

↕

保証債務の元本は確定。保証人は賃借人死亡後の家賃等に責任を負わない

これは非常に重要な改正点です。というのも、家を借りていたAが亡くなっても、相続人である妻や子供が賃借人の地位を相続し、賃貸借契約は終了しないからです。

それなのにAが亡くなったら、相続発生後に発生する家賃等について個人保証人はまったく責任を負いません。

なぜこのような改正が今回行われたかと言いますと、保証人は賃借人との信頼関係で保証してあげたのであって、相続人との間にはそのような信頼関係はない。だから相続人の家賃等にまで保証責任を負わされるのは酷だ、と考えられたからです。賃貸借契約中に賃借人が亡くなることはあり得ることですから、注意が必要です。

また、保証人が死亡しても元本は確定します。保証される債務が不特定なので、保証人の相続人を保護するために定められたルールです。ただし、保証人死亡までに既に発生していた賃借人の債務は、保証人の相続人が責任を負います。その限りで、保証債務は相続されます。

「賃借人が死亡したら終了する」と定めた賃貸借契約の効力は？

それなら賃借人が死亡したら賃貸借契約も終了すると契約しておけばわかりやすいとも思えます。しかし、そのような契約は原則として無効です。住み続けている相続人の保護に欠けるからです。これが高齢者居住安定確保法で認められる場合はあります。しかし都道府県知事の認可を受けた終身賃貸事業者に認められる、例外的な場合です（同法52条）。

6 個人保証人の具体的な保証範囲は賃貸借期間中でも決まってしまうことがある（2）

保証人が破産したら元本は確定する。賃借人が破産しても元本は確定しない

②保証人が破産したとき

　賃貸借契約の個人保証人の保証する元本が確定する二つめの場合が、保証人が破産した場合です。この場合、いずれにせよ保証債務の十分な履行は期待できませんし、破産手続の中で保証人が負う債務を確定させる必要もあります。そこでこのような定めが設けられました。

　それでは、保証人ではなく、賃借人が破産したらどうなるでしょう？

　この場合は元本は確定しないのです。賃借人が破産しても、その物件に住み続けることも多いですし、家賃が払われている以上、賃貸人との信頼関係が壊れたとまでは言いにくい面があり、賃貸借契約は終了しません。そこで改正民法は、破産以後生じる家賃その他についても、保証責任を負うとしました。

　改正民法は、賃借人が死亡したときも、賃借人が破産したときも、いずれも賃貸借契約は続くのに、死亡したときだけ保証人が責任を負う元本は確定するとしました。個人保証人をどこまで保護すべきかという政策的な観点で区別されたもので、この新しい独特のルールに、賃貸人・賃借人・保証人は注意しなければなりません。

　ちなみに、貸金のための個人根保証の場合は、賃貸借契約の個人根保証と異なり、債務者（お金を借りた人）が破産しても、保証人が破産しても、いずれの場合も元本は確定するとされています（465条の4第2項）。

③保証人の財産に強制執行等がされたとき

　最後が、保証人の財産に強制執行や担保権の実行がされたときです。このような場合は保証人が経済的に相当の苦境に陥ったときですから、改正民法は、個人保証人保護のため、それ以降の家賃等の保証をする必要はないとしました。

元本確定と極度額との関係

　元本が確定するという意味は、確定時より後に生じる家賃とか、原状回復費用とか、契約違反による賃借人の損害賠償責任等については保証人は責任を負わないということです。

　では、そのことと、極度額（保証人の最大責任限度額）が定められていることの関係はどうなっているのでしょうか。それは次のとおりです。

　元本確定時までに発生していた債務には、それが払われるまで遅延損害金が発生しつづけます。しかし、どんなに遅延損害金が生じても、保証人が責任を負う、「元本＋遅延損害金」の合計額は、極度額を超えることができません。「元本」という表現は、確定した後も利息（遅延損害金）は発生するという趣旨が表されているのです。

　たとえば、元本確定の時点で既に生じていた債務が80万円で、極度額が100万円だったとします。その80万円には、契約に基づけば年14.6％の遅延損害金が生じます。しかし、どんなに遅延損害金が大きくなっても、保証人は、元本80万円と遅延損害金の合計額で最大100万円しか責任を負いません。

◆元本確定と極度額◆

「元本」が確定しても利息（遅延損害金）は発生する

極度額…「元本」＋「利息（遅延損害金）」
　　　＝保証人が負う最大責任額

7 家賃以外で生じる保証人の責任。賃借人が自殺したらどうなる？

家賃滞納以外にも保証人の極度額を定めるうえで考慮すべきことがある

 賃借人の損害賠償責任

　保証人の責任で最も多く生じるのが家賃滞納によるものです。長期間の滞納があれば相当の金額が保証人に請求されることになります。しかし、長期間滞納はあり得ることなので、それは想定の上で保証の極度額が定められていくのが通常でしょう。

　では、想定しないような賃借人の行為から生じる損害としてはどのようなものがあるでしょうか。極度額を定める参考になりますので、ここでは実際に裁判で争われた、賃借人が自殺したケース、及び賃借人が隣人の賃借人に迷惑をかけたケースを見ておきましょう。

 自殺したケース

　賃借人が、東京都世田谷区のアパートの二階の一室を家賃６万円、賃貸借期間２年で賃借し居住していた最中、その部屋で自殺しました。そこで賃貸人が、部屋を貸せなくなった等と主張して、賃借人の相続人及び保証人に損害賠償を請求したケースです（東京地方裁判所平成19年8月10日判決のケース）。

　裁判所は、自殺があった部屋にその後居住することには嫌悪感が生じるのが一般的で、賃借人は借りた部屋で自殺すべきではないとして、保証人らの賠償責任を認めました。さて問題はその金額です。

　裁判所は、その部屋は自殺後１年間は賃貸できず、その後２年間は通常賃料の半額でしか賃貸できないと判断し、賃貸人にはそれだけの損害が生じたとしました。家賃２年分（１年分＋２年分×0.5）が損害と判断されたのです。他方、隣の部屋や階下の部屋にはこのような嫌悪感は生まれないとし、自殺した人が使っていた部屋についての損害のみを認めました。

今回の改正民法の下では、賃借人が死亡したときは個人保証の元本が確定し、それ以降新たに生じる損害について保証責任は生じません。しかし、死亡によって生じる損害は、死亡時に発生したと評価できますし、保証人が信頼した賃借人に関することですから、賃貸人は自殺によって生じる上記のような損害を個人保証人にも請求できると解されます。そこで、このようなケースに対応するために極度額をどうするかも検討する必要があるでしょう。

賃借人が他の賃借人に迷惑をかけたケース

　賃借人Aが夜中に突然ベランダで大声を出したり、隣の賃借人Bを怒鳴りつけたり、昼夜を問わず呼び鈴をならしたり、Bの玄関の鍵をガチャガチャいじったり、奇声を発したりする等をしたため、Bは、退去のうえ、賃貸人に対し、そのようなAを居住させ続けたことで損害を受けた等と主張して賠償請求をしました（東京地方裁判所平成24年3月26日判決のケース）。裁判所は、我慢の限界を超える迷惑行為が賃借人から他の賃借人にされていることを賃貸人が知った場合は、賃貸人は、迷惑行為をしている賃借人との契約解除も視野に入れて、退去を要請すべき義務がある、と判断しました。ただし、このケースでは、賃貸人にそのような行為の事実確認はできなかったとして、賃貸人の損害賠償義務を否定しました。もし事実確認ができていたら、賃貸人の損害賠償責任が認めらることになり、その場合、賃貸人は、迷惑行為をした賃借人A、及びその保証人に対し、その分の賠償請求をしていくことになります。

　他の賃借人に極端な迷惑行為をする賃借人がいた場合は、賃貸人は損害賠償義務を負うことがあり、そのため迷惑行為をした賃借人及びその保証人にその分の請求をせざるを得ない場合があるのです。その額がどの程度かはケースバイケースですが、このようなことがあり得るということも極度額を定めるうえで参考になります。

◆賃借人自殺のケース◆

賃借人が部屋で自殺
賃貸人（原告）→損害賠償請求可能→賃借人（自殺）／保証人（被告）

自殺があった部屋にその後居住することには嫌悪感が生じるから賃貸人に損害が生じた。
自殺後1年間は賃貸できず、その後2年間は通常賃料の半額でしか賃貸できないとして、家賃2年分（1年分＋2年分×0.5）を損害額とした。

8 保証会社が保証する場合

保証会社は個人保証人ではないので、極度額を定めなくても保証契約は有効。しかし、改正民法は、極度額を定めなければ、保証会社は保証会社自身の個人保証人に請求できないとした。そのため、賃貸人と保証会社の間でも極度額を定める場合が多くなる

賃貸人と保証会社の保証契約は極度額を定めなくても有効

　最近、賃借人の親族等、個人が保証人となるのではなく、保証会社が家賃保証をするケースが増えてきました。保証会社は、賃貸人との間で保証契約を結び、家賃滞納等があった場合に、賃借人に代わってそれを賃貸人に払う会社です。保証会社は、代わりに払った金額等を賃借人や保証人に請求します。

　ここで保証会社が請求する「保証人」は、賃貸借契約の保証人ではありません。保証会社と賃借人の間の保証委託契約の保証人です。ややこしいのですが、保証会社がつく場合は、賃貸借契約の他に、賃借人と保証会社の間の保証委託契約という契約があり、その契約にも保証人がつくことがあるのです。

　さて、今回の改正民法は、賃貸借契約に個人保証人がつく場合は極度額を定めなければならないとしました（465条の２）。これはあくまで「個人」保証人の保護が目的ですから、保証人が会社であれば、極度額を定めなくても保証契約は有効です。極度額を定めなくても、賃貸人は、保証会社に保証人としての責任を果たしてもらえます。

保証委託契約に個人保証人がつく場合

　しかし、まだ先があります。

　改正民法は、個人保証人の保護を貫くため、賃貸人と保証会社の間の保証契約に極度額が定められていなければ、保証会社は、保証委託契約の個人保証人に請求できないとしました（465条の５）。極度額が定められていなければ、保証会社は、保証委託契約の個人保証人に請求できないしくみにしたのです。

　たとえば、賃借人の滞納家賃が20万円で、それを保証会社が賃借人に

代わって賃貸人に払ったとします。保証会社は、その20万円を、家賃を本来払うべき賃借人と、保証委託契約の個人保証人にも請求していきます。しかし、改正民法は、賃貸人と保証会社の保証契約で極度額を定めておかなければ、この個人保証人への請求はできないと定めました。賃貸人と保証会社間の極度額Aに連動して、保証会社とその個人保証人の極度額Bが決まるところ、保証会社はAの額をあまり大きくしたくありません。そこでAを定めさせることがBを大きくしないことにつながると期待したのです。

賃貸人と保証会社の契約の実際

保証委託契約を保証会社が賃借人と結ぶ際、賃借人に保証人をつけてもらう保証会社も多くあります。そのため、改正民法の下でも、賃貸人と保証会社の間の保証契約にも極度額を定める場合は多いと考えられます。

他方、今回の改正前から、保証会社による保証は「家賃10か月分」等の保証限度額が定められるのが一般的でした。そこで、この定めがあれば極度額の定めがあるのと同じとも思えます。

しかし、改正民法の極度額は、将来その金額が動かない定め方をしなければなりません。「家賃10か月分」の金額が、将来の家賃増額によって増加したりしないよう、たとえば「契約当初の家賃10か月分」であることがはっきりわかる契約にしなければならないのです。注意しなければならない点です。

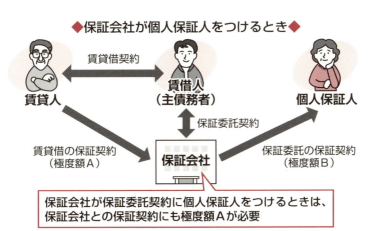

◆保証会社が個人保証人をつけるとき◆

9 賃借人が財産状況を説明しなければ保証契約が取り消される

改正民法は、保証人が賃借人の財産状況について説明を受けていなかったら、保証契約を取り消せる場合があるというまったく新しいルールを設けた

 保証契約が取り消される新しいルール

改正民法は、個人保証人を保護するため、事業のために生じる債務について個人が保証人になるときは、債務者が、自分の財産状況等を保証人になろうとする人に説明する義務がある。その義務違反があったことを債権者が知ることができたときは、保証人は保証契約を取り消せる、というまったく新しいルールを設けました（465条の10）。

 賃借人の説明義務

そのため改正民法の下では、事業のために物件を賃借し、その賃貸借契約の保証人に個人になってもらう場合は、その個人に次のことを説明しなければなりません。
①賃借人の財産や収入
②借りる不動産の家賃等以外に賃借人に債務があれば、その額や弁済状況
③借りる不動産の家賃等のため担保を設定するなら、その内容

賃借人にこの説明義務が課されるのは、事業のために借りる場合だけです。ですから個人が住むために借りる場合にこの義務はありません。他方、マンションを一棟借りして、それを多数の人に居住のために貸すというのであれば、一棟借りをする目的は事業のためですから、一棟借りの保証人になろうとする個人に対してはこの説明をする義務があります。不動産を借りる目的が事業のためかどうかが、賃借人の説明義務の有無を判断するポイントです。会社が賃借人となる契約にはこの説明義務が生じます。理由は、会社の行為はすべて事業のために行われるものだからです。

事業のために生じる債務は多額になりがちなので、個人保証人が保証責任を取らされるリスクを慎重に検討できるよう、この説明義務が課されることになったのです。

説明義務違反で保証契約が取り消される場合

さらに改正民法は、賃借人がこの説明義務に違反し、保証人になろうとする人にまったく説明しなかったり、虚偽の説明をした場合（以下「虚偽説明等」）で、賃貸人が虚偽説明等があったことを知ることができたときは、保証人は賃貸人との間の保証契約を取り消せる、としました。

これは、賃借人の保証人への説明によっては保証が取り消される場合があるとするものですから、非常に重要な新ルールです。

賃貸人は、ある日突然、保証人から「私が保証人になるとき、賃借人は自分の財産状況について虚偽説明をしました。賃貸人はそのことを知ることができたはずです。だから、保証契約は取り消します」と言われることがあるというわけです。

その場合、虚偽説明等があったかどうか、賃貸人が賃借人の説明義務違反を知ることができたかどうかが争われることになります。事業用不動産を賃貸する場合は、賃借人の収入などをチェックするのが通常ですから、賃貸人は虚偽説明等を知ることができたはずだ、と判断される場合もあり得ます。

そこで、そんなトラブルを避けるため、賃貸借契約や保証契約に「賃借人はその財産状況について保証人に次のような説明をしました。その内容に事実に反するものはありません。」という条項を設け、賃借人、保証人に確認してもらっておく工夫も考えられるべきでしょう。

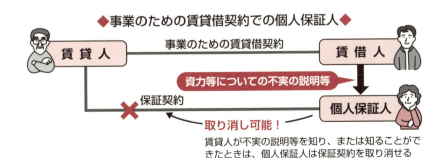

◆事業のための賃貸借契約での個人保証人◆

賃貸人が不実の説明等を知り、または知ることができたときは、個人保証人は保証契約を取り消せる

10 賃貸人の保証人への説明義務

賃貸人が保証人から尋ねられたら、家賃滞納状況などを説明しなければならない義務が新設された

保証人から家賃支払い状況を尋ねられたらどうする？

　保証人が、家賃がきちんと払われているかどうか心配になって、賃貸人に滞納状況を聞いてくる場合があります。通常は賃借人を信頼して特に関心なく過ごしていたとしても、賃借人の仕事の状況、生活の状況等の変化から信用状況に不安が生じたときは、保証人にとって家賃の支払い状況は重要な関心事になります。

個人情報保護法との関係

　保証人から家賃滞納状況を聞かれれば、賃貸人としては答えてあげるのが当然だし、答えるべきとも思われます。しかし、賃借人個人の家賃滞納情報は、賃借人の個人情報にあたります。そして個人情報保護法では、他の者に個人情報を伝えるには本人の同意が必要なのが原則とされています。そのため、はたして家賃滞納状況を保証人に教えてよいか迷う場面もこれまであったのです。

改正民法による情報提供義務の新設

　そこで改正民法は、家賃滞納等の個人情報を保証人に提供できる法的根拠を明確にしました。また情報が伝えられることで保証人が保護されるようにするため、保証人から請求があれば賃貸人は遅滞なく家賃の履行状況や滞納金額等を伝えなければならない、としました（458条の2）。保証人に対する賃貸人の家賃滞納等についての情報提供義務を定めたのです。
　注意すべきは、改正民法は、情報提供を請求できる保証人を個人保証人に限っていないことです。改正民法は、個人保証人の保護を重要な政策目的としているものの、この場面では会社などの法人保証人も対象に

しています。理由は、法人保証人からでも個人保証人からでも、保証人から家賃滞納状況を聞かれて賃貸人が答えないわけにもいかないところ、賃借人が個人の場合でも個人情報保護法があるのに答えてしまって構わない法的根拠を整えておくためです。

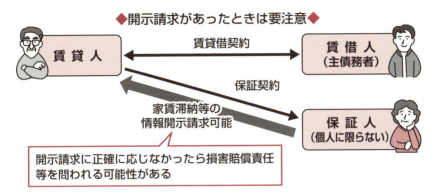

情報を提供しなかったらどうなる？

賃貸人がこの情報提供義務を果たさなかったらどうなるでしょう？

改正民法はこの場合の罰則を定めていません。単に「提供しなければならない」としているだけです。

しかし、この情報提供が賃貸人の義務であることに変わりはないので、賃貸人が情報提供しなかったり、あるいは事実ではない情報を提供したことで保証人に損害が生じたら、賃貸人が損害賠償責任を負うことがあります。

賃貸人が保証人に保証債務の履行を請求したら、保証人から「自分が尋ねたときにきちんと教えてくれていれば、すぐに賃借人に強く言って家賃を払わせていたのに……。そのときならまだ賃借人に資力があった。だけど今となってはもう連絡も取れない！」と言われてしまうようなケースです。

このような場合、もし遅滞なく正しい情報を提供する義務が果たされていれば保証人が責任を負う事態にならなかった、と裁判所から認定され、賃貸人の保証債務履行請求が否定される可能性があります。

やはり義務と定められたことはきちんと果たしておくべき、というわけです。

11 滞納家賃を分割払いにする約束をしたのに守られなかったときの賃貸人の情報提供義務

滞納家賃の分割払いの約束が守られず、賃借人が全額ただちに払わなければならなくなったときは、賃貸人は個人保証人にそのことを伝えなければならないというルールが新設された

 分割払いの約束が守られなかったときの情報提供義務

　改正民法は、個人保証人の保護を図るため、ただちに全額ではなく、いつまでにいくらずつ払えばよい、という分割払い約束（以下「分割払い債務」）にかかわらず、それがただちに全額払わなければならなくなったときは（以下「全額払いの発生」）、債権者は、そのことを個人保証人に連絡しなければならず、その連絡は、全額払いの発生の時から2か月以内にしなければならない、というルールを新設しました。

 保証人の責任

　たとえば、賃借人が家賃を何か月分も滞納し、その金額が全部で50万円になったとします。いっぺんに払うのは難しい。そこで賃貸人と話し合って「毎月5万円ずつ10回に分けて払う。ただし1回でも払わなかったときは残額全額をただちに払う」というような約束をする場合があります。

　このような約束がされたとき、保証人の責任はどうなるのでしょう？

　保証人は、50万円すぐに払わなければならない賃借人の責任が5万円ずつの分割払いに変わったので、その分割払いの範囲で保証人の責任を果たせば足りることになります。家主が、賃借人とは分割払いの約束をして、保証人にだけはただちに50万円請求することはできないのです。

　このような性質を保証債務の附従性（ふじゅうせい）と呼んでいます。保証人の責任は、保証された者（主たる債務者）より重くなることはありません。

　他方、賃借人が、10万円払った後は分割払い約束を守らなかったため、残額40万円をただちに払わなければならなくなったとします（全額払いの発生）。この場合、保証人も同様に40万円払う責任を負います。その

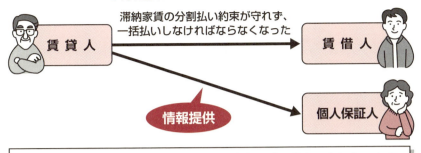

ため全額払いの発生という事態が生じたかどうかは保証人にとって関心事です。

そこで、改正民法は、賃貸人は保証人に対して全額払いの発生が生じたときは、そのことを保証人に連絡しなければならないとしました。なお、改正民法がこのルールで連絡しなければならないとしたのは「個人」保証人に対してのみです。会社などの法人保証人は対象ではありません。

通常の家賃は分割払い債務か

通常の家賃は、物件を使用することによって常に発生し続けるもので、それを１か月ごとに払うなどとしているものですから、既に発生した債務を分割で払っていく約束に変更した分割払い債務とは違います。たまった滞納家賃の支払い方法を一括でなく分割にしたときなどが、この改正民法の対象となる分割払い債務なのです。

連絡しなかったらどうなる？

賃貸人が個人保証人に、全額払いの発生があってから２か月以内にそのことを連絡しなかったときは、実際に連絡をしたときまでの遅延損害金を個人保証人に対しては請求できなくなります（458条の３第２項）。

分割払いの約束を守らなければ年10％の割合の遅延損害金も払う約束になっていたとしても、個人保証人に対しては、連絡するまでに生じた遅延損害金を請求できません。ただし、本来支払うべき立場にある賃借人に対しては請求できます。

12 事業のために借入れをする場合の個人保証人

不動産賃貸業のため等、事業のために資金を借り入れる場合に個人保証してもらうときは、事前に公正証書で保証意思を確認しなければ保証契約は無効になる、というルールが新設された

事業のための借入れとは

　不動産賃貸業を営んでいると、たとえば賃貸用マンションを購入するとか賃貸家屋の大規模な補修などのためまとまった資金が必要となり、銀行等から借入れをする場合があります。

　改正民法は、このような事業のための借入れに個人が保証人となるためには、公正証書で保証意思が確認されることが必要というまったく新しいルールを設けました。事業のための借入れは多額になることが多いので、個人保証人となろうとする者の保護を図るためです。

　「事業のため」の借入れというと範囲が限定されるかのように聞こえます。しかし、個人でなく会社による借入れは常に事業のための借入れです。会社は事業のために存在するからです。個人の借入れであっても、事業としての営みに必要な借入れはこれにあたります。事業かどうかは、当該営みで継続して利益を得る目的があるかどうかで判断されます。

公正証書ルールの新設

　改正民法は、事業のための借入れに個人保証してもらうときは、原則として、保証契約締結の前1か月以内の日に公正証書によって保証意思の確認がされていなければならず、されていなければ保証は無効としました（465条の6）。本書ではこれを「公正証書ルール」と呼びます。

　保証人が個人でなく法人でも、その法人である保証人のためにさらに個人が保証人となる場合も同じです。たとえば、Aが事業のために借り入れし、信用保証協会がそれを保証したとします。信用保証協会が保証人としてAの代わりに払った場合、信用保証協会は、払った額をAに請求（求償）していきます。そこで、その信用保証協会の求償のために個人が保証人となる場合があります。この場合も、公正証書でその個人の

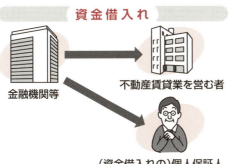

保証意思が確認されなければなりません。

公正証書ルールの例外

　しかし、例外として個人が保証するときでも公正証書による確認が不要な場合があります。それは経営者等が個人保証する場合で、具体的には次の場合です（465条の9）。

①会社などの法人が借入れをする場合は、その法人の取締役、執行役、理事、過半数の株式を有している者、これらに準じる者

②個人事業のために経営者が借入れをする場合は、共同事業者、経営者の配偶者（夫または妻）でその事業に実際に従事している者

　これらの個人にとって、その事業のための借入れは、自らの必要で借り入れている場合と似たような状況と言え、借入れによって生じる保証人の責任を自ら予測できるからです。

会社の社長の配偶者が保証人になる場合は

　それでは、会社が借入れをするので社長の配偶者（妻または夫）が保証人となる場合、公正証書による事前意思確認は必要でしょうか、それとも不要でしょうか。

　社長の配偶者が保証人となる場合も、公正証書ルールの適用はあります。ただし、配偶者が取締役や過半数株式を有している場合等は適用がありません（465条の9第1号、2号）。また、個人事業者の配偶者にも公正証書ルールの適用はあります。ただし、配偶者が実際にその事業に従事している場合には適用がありません（465条の9第3号）。

第3章

賃貸借ルールの改正と不動産賃貸業

13 賃貸中の建物を売却したら大家は誰になる？

建物の買主が新たな大家（賃貸人）になることが明文化された。ただし、売主と買主の合意で、売主を賃貸人のままにしておくこともできる

 物件が売買されたら大家は誰になる？

賃借人が使用中の賃貸物件を他に売却した場合、物件の買主が新たな大家（賃貸人）になることが、今回の改正民法で明文化されました（605条の2第1項）。

この場合、賃貸借契約の賃貸人が変わってしまうのだから、賃借人の同意が必要とも思えます。しかし、賃貸人の義務といえば、物件を賃借人に使用させること等所有者であればできることです。そのため、わざわざ賃借人の同意をもらう必要はありません。

ただし、賃借人からすれば、誰が賃貸人かはっきりしていなければ、誰に家賃を払うべきか不安です。そこで、改正民法は、買主は、物件の所有権移転登記をして初めて家賃の請求ができるとしています（605条の2第3項）。もちろん、賃借人の側で、買主を賃貸人と認め、家賃を買主に払うのであれば、登記前でも賃貸人はそれを受け取れます。

 賃借人が使い始める前に売却したらどうなる？

それでは、賃貸借契約は締結したけれど、まだ賃借人に引き渡す前に売却してしまった場合はどうでしょう？

その場合も、売主と買主の合意だけで買主を賃貸人にすることができます。この点も改正民法で明文化されました（605条の3）。引き渡されてもいないうちに新たな大家が出現するのは賃借人からすれば驚きですが、賃貸人の義務は所有者であればできることなので、賃借人の同意は必要ないと考えられたのです。

売主がそのまま賃貸人であり続けることもできる

他方、改正民法は、物件の売主と買主が合意することで、買主ではな

く、売主がそのまま賃貸人であり続けることもできると定めました（605条の2第2項）。これは、これまでの考え方が明文化されたというものではなく、新たに設けられたルールです。

なぜこのルールが新設されたのでしょう。

買主が物件を購入した理由が、単に所有権を取得するためではなく、家賃収入を得る権利を証券化して売却する事務を行うためという場合があります。いわば名目的に購入する場合です（信託財産としての譲渡）。この場合、買主は、賃借人に対する修繕義務などの賃貸人のこまごました義務を負わないようにしておくほうが便利な場合があります。そこで、売主・買主の合意で、売主がそのまま賃貸人であり続けられるように改正されたのです。

 賃貸人の変更に賃借人の同意が必要な場合

多数の人が借りているマンションの所有者Aが、管理を管理業者Bに依頼するため、Bとの間で賃貸借契約を締結する場合があります。以後、マンションの居住者であるCらからは、Bが賃貸人として家賃を受領し、Bは、手数料を控除して残額をAに支払うというビジネスです。これは管理業者であるBが、AとCらの賃貸借契約の間に途中で割り込んでくる場合です。

注意すべきは、この場合、Cらの賃貸人は依然Aであって、Bではないという点です。もしCらが家賃を払わないため明渡しの裁判をする場合は、Bではなく賃貸人Aがしなければなりません。

なぜなら、この場合物件の所有者がAからBに変わっているわけではないので、当然に買主が賃貸人になるという改正民法のルールが適用されないからです。そのため、賃貸人を変更するには賃借人の同意を得なければなりません。A、Bとしては、BがCらに又貸し（サブリース）する形にしたと思っていても、実は違うというわけです。

改正民法の下でも、「物件の所有者が変わらなければ、賃貸人の変更には賃借人の同意が必要」です。注意を要します。

14 賃貸中の建物が売却されたとき、売却前に賃借人が支出していた修繕費の支払義務を負うのは売主、それとも買主？

買主が支払義務を負うことが改正民法で明文化された

賃貸物件の必要費と有益費

建物を賃借していると、修繕が必要になったり、使い勝手を良くするために改良を加えたりすることがあります。たとえば、雨水が屋根から漏れるのでその修繕をする（①）、トイレをシャワー式洗浄便座に取り替える（②）などです。

①の費用が「必要費」といわれるもので、賃貸物件を使用するためにどうしても必要となる費用です。これを賃借人が支出したときは、ただちに賃貸人に請求できます。②は「有益費」といわれるもので、賃貸物件を改良して使い勝手を良くするために賃借人が支出した費用です。賃借人の判断で支出された改良費なので、物件を賃貸人に返還する時に、改良の価値が残っている範囲で、賃貸人に支払いを請求できます。「改良の価値が残っている範囲で」とは、たとえば、シャワー式洗浄便座がまだ新しく、減価償却の計算をしてもまだ残存評価額があるような場合に、その評価額分の範囲で、というような意味です。

賃貸物件売却前に賃借人が支出していた必要費や有益費の支払義務は売主と買主のどっちにある？

賃借人が、賃貸物件が売却される前に、屋根の修繕費（必要費）や、シャワー式洗浄便座の取り付け費（有益費）を支出していたとします。それらの費用の支払義務を賃借人に負うのは、賃貸物件の売主でしょうか、買主でしょうか。

この点、改正民法は、買主が支払義務を負うと明文で定めました（605条の2第4項）。賃借人からすれば、売主に請求しようとしても、請求するときにはもはやどこにいるのかわからないこともあり得ます。そこで現在の賃貸人である買主に支払義務があるとすることは、賃借人を保

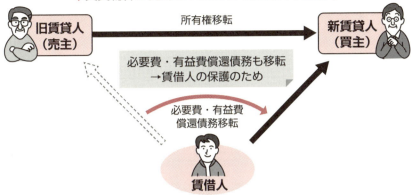

護するものです。

　ただし、必要費は、賃借人が支出したときただちに賃貸人に支払い請求ができます。払われなければ家賃と相殺することもできます。そこで、必要費は、物件が売却される前に既に売主との間で清算が終わっていることが多いでしょう。しかし、その清算が終わってなくても、賃借人は買主に支払請求ができるのです。

「賃貸人は、必要費や有益費の支払義務を負わない」と定める賃貸借契約の効力は有効か

　改正民法は、必要費や有益費の支払義務を賃貸人は負わないと定める契約の効力について何も言及していません。

　この点、有益費については、賃借人があえて支出する改良費で、それを賃借人が請求しないと約束するのですから、その約束を無効とする理由はなく、有効と解されます。

　しかし必要費については、それが小修繕か大修繕かで異なります。小さな修繕については、それほど費用がかかりませんから、その程度の金額を賃借人自らが請求しないと約束することをあえて否定する必要もありません。他方、大修繕は、費用も高額になりますし、大きな支出をしなければ使用できないような物件を貸しているというのでは、賃貸人の基本的な義務が果たされていないといえます。

　そこで、必要費を賃貸人に請求しないとする契約は、小修繕については有効、大修繕については無効と解されています。

15 サブリース物件の所有者は、直接自分に家賃を払うよう居住者に請求できるか

請求できる。その範囲が改正民法で明文化された

 適法な転貸借（サブリース）

　ある人（A）が所有しているマンションを他の人（B）に賃貸し、その人がさらに別の人（C）に賃貸（転貸）することがあります（サブリース）。所有するマンション一棟を、賃貸管理ノウハウのある業者に賃貸し、その業者が多数の入居者と賃貸借契約を結んで管理していくというサブリースビジネスも、広く行われています。

　賃貸物件を転貸するためにはもとの賃貸人（A）の承諾を得ることが必要で、それが適法なサブリースとなる要件です。AはBとの信頼関係でBに貸したので勝手にCに又貸しされてはたまらないからです。

 AはCに直接自分への賃料支払いを請求できるか

　サブリースでは、AとBの間に賃貸借契約があり、BとCの間にさらに賃貸借契約（転貸借契約）があります。Cが契約しているのはBのみですから、AがCに家賃を直接自分に払うよう請求することはできないとも思われます。

　しかし、できるのです。これは、契約関係はないけれどAを保護するため、特に民法が認めたAの権利で、今回の改正前から規定されていました。

　そしてさらに今回の改正で、初めてその直接義務を負う範囲が明文で規定されたのです（613条1項）。

　具体的には、AとBの間の家賃が10万円で、BとCの間の家賃が12万円の場合、Aは、直接Cに10万円のみ請求できます（①）。AとBの間の家賃が10万円で、BとCの間の家賃が8万円であれば、Aは、直接Cに8万円のみ請求できます（②）。

　要するに、どちらか低い額であれば、Aは直接Cに請求できるのです。

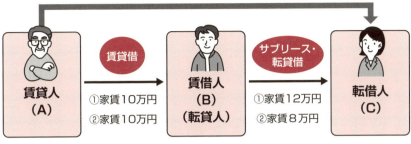

※既にCがBに家賃を支払っていた場合…
　CがBC間の契約において家賃を支払うべき時期に支払ったならば、Aは請求できない。Cが支払うべき時期より前に支払っていたならば、Aは請求できる

　理由は、①の場合は、Aが自分の賃貸借契約で請求できるのは10万円だけだからで、②の場合は、Cが自分の賃貸借契約で払わなければならないのは8万円だけだからです。

　この直接請求は、実際にはAの債権保全の手段になります。Bの信用状況が悪化して、いったんBにCからの家賃が払われてしまうとAがBから家賃を払ってもらえないかもしれないという場合に、AはCに直接請求するわけです。

AがCに請求したとき既にCがBに払っていた場合、Cは二重払いしなければならないか

　これはAとCの利益調節が必要な場面です。民法は、Cが、Bに家賃を払うべき時期に払ったなら、もはやAに払う必要はない。しかし、Bに払うべき時期より前に払ってしまっていたなら、Cは、Aにも払わなければならない、としています（613条1項）。

　たとえば、CがBに家賃を払う時期について、「翌月分の賃料はその前月に払う」と契約されていたとします。この場合、12月分の家賃であれば11月が支払時期となります。そこで、Cが11月に入ってからBに払っていたら、払うべきときに払ったのだからもはやAに払う義務はありません。しかし10月など、11月より前に払っていたら、払う必要のない時期にあえて払ったCを保護する必要はそれほどないので、CはAにもその家賃を払う義務があるわけです。

16 サブリースで元の賃貸借契約が解除されたら、居住者は退去しなければならないか

契約違反で解除された場合と合意で解除された場合で異なる

サブリースにおける二つの賃貸借契約

サブリースは、AがBに賃貸し、Aの承諾を得てそれをBがCに賃貸（転貸）するというものです。

そこでAB間の賃貸借契約と、BC間の賃貸借契約（転貸借契約）の二つの契約が存在します。親亀（AB間の賃貸借契約）の上に子亀（BC間の賃貸借契約）が乗っかっている状態です。

合意解除とサブリース（親亀こけたら子亀もこける？）

この場合、もしBC間の賃貸借契約が解除されれば、居住者であるCには借主という契約上の地位がなくなりますから、物件から退去しなければなりません。それでは、親亀であるAB間の賃貸借契約のほうが解除された場合はどうなるでしょう？

改正民法はこの点を初めて明文で規定しました（613条3項）。

すなわち、①AB間の契約がBの家賃不払いなどの契約違反で解除された場合は、Cは退去しなければならない。しかし、②AB間の契約がABの合意によって解除された場合は、Cは退去する必要はない、としたのです。①では、親亀こけたら子亀もこける。しかし、②では、親亀こけても子亀はこけない、というわけです。

その理由は、①では、Aからすれば、Bに家賃を払わない等の契約違反があるのですから、Aが物件を貸し続けるわけにいかないやむを得ない理由があります。Cからしても、サブリースは親亀・子亀の関係なので、親亀がBの契約違反で解除されれば自分も退去しなければならなくなることを覚悟すべきです。

しかし②の場合、もしCが退去しなければならないとすると、AとBの合意でいつでもCを追い出せます。Aにやむを得ない事情がなく、C

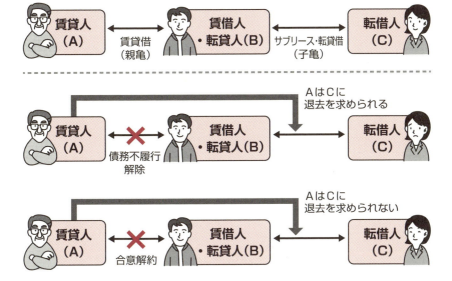

に家賃不払い等もないのに、Cを追い出せるのです。これではAの同意を得て転借したCの立場を不当に害することになります。そこで①と②の区別が改正民法で明文化されたのです。

🏢 合意解除でもCが退去しなければならない場合がある

ところが実際は、Bが家賃を払わないのでAがBに交渉し、その結果、両者の合意でAB間の賃貸借契約を解除するという場合が多くあります。これも結局は合意による解除ですから、Cは退去しなくてよいようにも思えます。

しかし、改正民法は、合意解除であっても、AがBの契約違反によって解除する権利を持っていたときは、やはりCは退去しなければならないと定めました（613条3項ただし書）。

たとえば、Bが3か月家賃を払わず、Aが催促しても払わなかったとします。通常、このような場合は、AB間の信頼関係が壊れたといえますから、Aに賃貸借契約の解除権が生じます。このような状況の下で、AとBが話し合って合意解除という形を取ったというのなら、やはりAには解除すべきやむを得ない理由があったといえますから、Cは退去しなければならないのです。

17 敷金の性質、賃借人への返還時期

改正民法は、敷金の定義、清算・返還時期について初めて明文で定めた

 敷金の定義

　敷金とは、賃貸借契約で生じる家賃その他の賃借人の賃貸人に対する債務を担保する目的で、賃借人が賃貸人に預ける金銭のことです。名目が敷金であろうが、保証金であろうが、預かり金であろうが、この目的で預けられた金銭はすべて「敷金」です。

　今回の改正前から、敷金とはこのようなものと一般的に理解されていました。ただこれまでこの定義が明文では定められておらず、改正民法で初めてこの定義規定が置かれました（622条の2第1項）。

 敷金の賃借人への返還はいつしなければならないか。その範囲は？

　改正民法は、賃貸借契約が終了し、かつ賃貸物件の明渡しを受けたときに返還しなければならない。返還の範囲は、敷金から未払い家賃その他の賃借人の債務を控除した残額である、と定めました（622条の2第1項1号）。

　賃借人が実際に物件を明け渡すまでは、家賃その他の債務が発生する可能性が残ります。そこで、単に賃貸借契約が期間満了や解除で終了したというだけでなく、物件を明け渡したときに初めて敷金の清算・返還義務があるとしたのです。

　それでは、「敷金は、物件明渡し後3か月経過した時点で返還する。」と賃貸借契約で定めた場合、その効力は有効でしょうか。

　これは有効です。敷金の返還時期を定める改正民法は「任意規定」であって、賃貸人と賃借人がこれと異なる合意をすることまで禁止する「強行規定」ではないからです。

　ではテナントビルの賃貸借契約で、「保証金（敷金）は、その2か月分を償却したうえ、賃借人の債務を控除して返還する。」と定められて

いたらどうでしょう。

これは改正民法で定められた清算対象よりも広く賃借人の支払い義務を認めるものですから、有効性が問題となり得ます。しかし、これも清算範囲を定める規定が任意規定という理由で、有効と解されます。

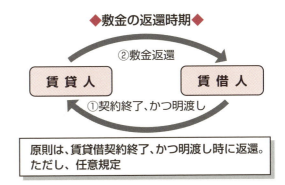

ただし、個人が居住目的で借りる賃貸借契約で「敷金は、半額を控除したうえ、明渡し時の賃借人の債務を控除して返還する」と定めたとします。このような場合は、改正民法より厳しい義務を個人に課したもので、一方的に賃借人に不利と評価され、消費者契約法によって無効となる可能性があります。注意が必要です。

明渡し以外で敷金清算義務が生じる場合

改正民法は、明け渡されたときだけでなく、賃借人が、賃貸人の同意を得て賃借権を他に譲渡したときも、敷金の清算・返還義務が生じるとしました（622条の2第1項2号）。賃借権を譲り渡した時点で、それまでの賃借人と賃貸人の関係を完全に清算させようとするものです。

しかし、この規定も任意規定ですから、賃貸人と新旧賃借人の間で、敷金の引き継ぎなど別の方法を取る合意をすることは可能です。

賃借人からは敷金での充当を請求できない

改正民法は、家賃滞納などがあるとき、賃貸人は、敷金をそれに充当できる。しかし、賃借人からはそのような充当を賃貸人に請求できないとしました（622条の2第2項）。

改正前から、一般に賃貸借契約に盛り込まれていたもので、改正民法がそれを採用したのです。賃借人は、家賃を約束どおり払うのが当然で、担保となっている敷金を明渡し前に取り崩すよう請求はできない、というわけです。他方、賃貸人は、未払い家賃等を敷金で充当したうえ、足りなくなった敷金額を再度預けるよう、賃借人に請求できます。

18 賃貸物件を売却したとき、賃借人に敷金返還義務を負うのは売主と買主のどっち？

改正民法は、買主が返還義務を負うとした

賃貸物件が売却された場合の敷金返還義務の取扱い

　賃貸人は賃借人から敷金を預かっているところ、その状態で建物が売却されることがあります。たとえば、多数のテナントが入っている商業ビルを保証金（敷金）を預かったまま他に売却したり、あるいはマンション一室だけの賃貸借であっても、居住者がいるまま売却することがあります。そしてこのような場合であっても、敷金の賃借人への返還時期は、建物が賃貸人に明け渡されたときです。

　賃借人は、自分が敷金を実際に預けた売主と、建物明渡し時点の賃貸人である買主のどちらに敷金返還を請求すればよいのでしょうか。

　この点について改正民法は、敷金返還義務を負うのは買主であるという規定を新設しました（605条の2第4項）。必要費・有益費の取扱いと同様です。

　理由は、賃借人が敷金返還請求をできるのは明け渡したときであるところ、賃借人からすれば、売主に請求しようとしてもそのときもう売主がどこにいるかわからないことがあります。買主に請求できるとするほうが賃借人に便利です。また、賃貸建物売買の際は、敷金額を控除して建物等の代金が定められるのが通常です。たとえば、1億円が適正価格の建物の売買で、敷金1000万円を売主が預かっているとした場合、その1000万円が控除され、買主から売主には9000万円だけ払われます。これは、買主が適正価格1億円を払って、同時に売主から敷金1000万円を引き継いだのと同じ状態です。このような取引形態が通常なので、買主に敷金返還義務を負わせてよいといえるからです。

改正民法と異なる内容の敷金返還義務についての合意も有効

　しかし、改正民法の下でも、これと異なる売主・買主の合意は有効で

す。というのも、改正前から存在する敷金返還義務についての判例は、売主の下で生じた滞納家賃等に敷金が充当された後の残額についてのみ、買主は賃借人への敷金返還義務を負う、としており、改正民法も、このような内容の合意の効力まで否定しようとするものではないからです。

したがって、売主と買主の間で、売買時点での滞納家賃などを控除した残額のみを買主が引き継ぐという合意をすれば、その合意は有効です。

ただし、このような合意をする場合は、それを賃借人に認識してもらっておくべきです。それをせずに明渡し時まで放置すると、賃借人は、通常どおりの敷金返還請求を買主にすることになるからです。賃借人からすれば、建物売却時点までの滞納家賃を払う義務は売主に負っているもので、買主から敷金で払わされる理由はない、と言いたくなるところです。

実際は、一部しか敷金が買主に引き継がれなかったときは、不足分を敷金として預けるよう買主が賃借人に請求することになり、これによって、賃借人は、滞納家賃は売却時に清算されて敷金の残額のみが買主に引き継がれたと認識することになります。

◆物件売却によって敷金返還債務も移る◆

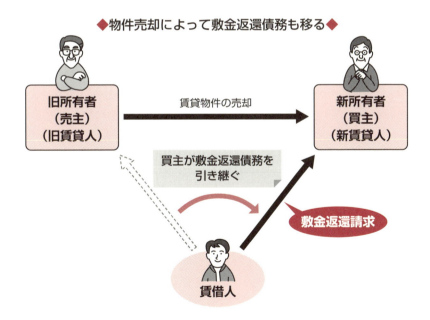

19 賃貸人は、敷金が差し押さえられても滞納家賃に敷金を充当できるか

敷金は賃貸人に担保として交付された金銭だから、たとえ敷金が差し押さえられても、賃貸人は滞納家賃等を敷金で充当できる

 ### 敷金が差し押さえられる場合

賃借人がお金を借りたり商品を買ったりしてそのお金をまだ払っていないとします。お金を貸したり商品を売ったりした人は、賃借人の債権者として、支払いを求めて賃借人の財産を差し押さえることがあります。

賃貸人に対する敷金返還請求権も賃借人の財産のひとつですから、差押えの対象となります。敷金を預かってから物件明渡しの時に清算して賃借人に返還するまでの間、賃借人の債権者が敷金を差し押さえる場合があるわけです。

 ### 賃貸人は敷金が差し押さえられても滞納家賃等に充当できるか

他方、改正民法は、敷金は滞納賃料等の担保として渡された金銭であることを明示しました（622条の2）。敷金とは、もともとそのようなものとして賃貸人に預けられたものであるわけです。とすれば、賃借人の債権者もそのような性質のものと覚悟して差し押さえるべきといえます。

そこで、敷金が差し押さえられた場合でも、賃貸人は明渡し時までの滞納家賃などの賃借人の債務を控除することができると解されています。賃貸人は、滞納家賃等を控除した後の残金だけを差し押さえた債権者に渡せばよいのです。

 ### 家賃が差し押さえられた場合も、賃貸人は敷金で充当できるか

賃借人の債権者が敷金を差し押さえるのではなく、逆に賃貸人の債権者が家賃請求権のほうを差し押さえた場合はどうでしょう？

家賃を請求する権利は賃貸人の財産ですから、賃貸人の債権者が差し押さえることがあります。家賃が差し押さえられた状況で物件明渡しのときが来て、滞納家賃等があった場合、賃貸人は、その滞納家賃に敷金

を充当し家賃を回収することができるでしょうか。

家賃が差し押さえられた後なのだから、もはや賃貸人は敷金充当の方法でも家賃を払ってもらうことはできないようにも思えます。

しかし、改正民法は、家賃等の担保のために預けられるという敷金の性質を明らかにしています。改正前からも、実質的に同様の考えが判例で認められてきたところです。賃貸人の債権者としても、滞納賃料等は敷金で充当される＝担保に取っている賃貸人が優先することを覚悟して差し押さえるべきといえます。賃貸人は、明渡し時には滞納家賃等を敷金で充当でき、その方法で、家賃が差し押さえられた後であっても、その家賃を自分に払ってもらうことができるのです。

改正民法は、敷金の性質や清算時期を明確に定め、敷金をめぐる賃貸人と差押え債権者の関係をよりわかりやすくしたといえます。

◆滞納家賃があるときの取扱い◆

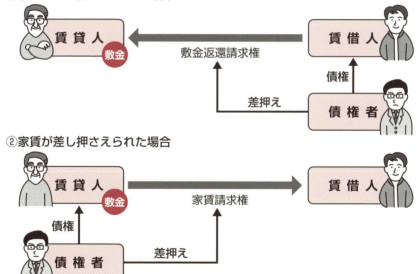

①敷金が差し押さえられた場合

②家賃が差し押さえられた場合

※①②いずれの場合も、明渡し時には滞納家賃を敷金から控除できる

20 賃貸人も修繕義務を負わない場合がある

改正民法は、賃借人の責任で修繕が必要となった場合は、賃貸人は修繕義務を負わないというルールを新設した

 ### 賃貸人の修繕義務

賃貸人は、賃借人が契約どおり使用できる物件を貸して家賃をもらっています。ですから、契約にそった使用ができる物件を貸す義務があり、たとえば建物の賃貸借で、雨漏りがし始めたとか、トイレが壊れたなどの場合は、賃貸人に修繕義務があります。賃借人がこれらの修繕費を出したときは、賃貸人に請求できますし、賃貸人が払わなければ家賃の支払い義務と相殺することもできます。

 ### 賃借人の責任で修繕が必要となったときはどうなる？

それでは、賃借人の責任で修繕が必要となった場合はどうでしょう？

実は今回の改正まで、この点についての明文規定はなく、やはり賃貸人側が修繕義務を負うのか、それとも負わないのかが必ずしも明らかではなかったのです。

使える物件を貸すのが大家の責任だから、賃借人の責任で壊れたとしても修繕する義務がある、という考えもあったからです。逆に、それでは不公平という考えもありました。

そこで改正民法は、賃借人の責任で必要となった修繕であれば、それを賃貸人が行う義務はない、と定めました（606条）。賃貸人にも修繕義務がある場合とない場合があるというわけです。

 ### 賃借人から修繕を要求された賃貸人はどうすべきか

それでは、ある日、賃借人Aが賃貸人Bに「窓が割れた、修繕してもらいたい」と言ってきたとします。Bが行ってみると確かに割れてしまっています。Bはどうすべきでしょう？

Bとしては、まず窓がなぜ割れたのかをAに説明してもらうべきです。

それをせずにただ修繕に応じるべきではありません。窓が割れたのがAの責任ならBに修繕義務はないからです。

Aに貸している家で起きたことの経緯を、B側が知っていることは稀です。だから、窓が割れたのはAの責任ではない、と証明する責任はAにあるのです。

では、Aから事情を聞いた結果、家の横の原っぱでキャッチボールをしていた子供が、誤ってボールを窓にぶつけたので割れたことがわかったとします。賃貸人Bに修繕義務があるでしょうか。

この場合、修繕義務はあります。というのも、改正民法は、「賃貸人は修繕義務を負う。ただし、賃借人の責任で必要となった場合は負わない」旨規定し、賃貸人が修繕義務を負わないのは、「賃借人の責任で」修繕が必要になった場合だけと規定しているからです。

子供がキャッチボールをしていて誤ってボールをぶつけたのであれば賃借人Aの責任ではありません。賃借人の責任でも賃貸人の責任でもない第三者の責任です。この場合は賃貸人は修繕義務を負うのです。もし窓が割れた原因が、Aが居間でゴルフの素振りをしていてクラブが当たったからというのであれば、Bは修繕義務を負いません。

賃貸人としては、修繕が必要となった原因をよく賃借人に説明させることが必要です。

◆**賃貸人の修繕義務**◆

賃貸人

修繕請求

賃借人

しかし、賃借人の責任で必要となった修繕については、賃貸人は修繕義務を負わない

賃借人以外の第三者の責任で必要となった場合は
賃貸人は修繕義務を負う

賃借人から修繕請求されたら、賃貸人としては、修繕が必要となった原因をよく賃借人に説明させることが必要

21 賃借人の修繕権

改正民法は、賃借人が修繕権を持つ場合を具体的に定めた

 修繕できるのは原則として賃貸人

　賃貸物件は賃貸人の所有物です。修繕が必要となったとしても、修繕は賃貸物件に何らか物理的な変更を加える行為ですから、修繕をする権利は所有者である賃貸人にあるのが原則です。

　しかし、修繕しなければ賃貸物件を使えないような場合なのにいくら言っても大家が修繕してくれないとか、ただちに修繕する緊急の必要がある場合なら、賃借人がまず修繕し、その後かかった費用を賃貸人に請求せざるを得ません。

　今回の改正まで、どのような場合に賃借人に修繕権が発生するかを具体的に定める規定がなかったところ、改正民法が初めて、次の場合に修繕権が生じることを定めました。

 賃借人が修繕権を持つ場合

　それは次の場合です（607条の２）。
①賃借人が賃貸人に修繕が必要であると連絡し、または賃貸人が修繕が必要なことを知ったのに、賃貸人が相当の期間内に必要な修繕をしないとき。
②急迫の事情があるとき。

　①にいう「相当期間」がどれくらいかについては、決まった期間があるわけではなく、修繕の具体的内容、容易さ、業者を頼む必要があるときは業者に頼んで通常かかる時間、修繕の必要性の大小、費用の多寡などを総合して判断されるものです。３日で足りる場合もあれば、１週間程度期間を置くべき場合も、それ以上が相当と考えられる場合もあります。

　②は、ただちに修繕しなければ生活や仕事に支障が出る場合が典型で、

トイレの重大な故障、重大な雨漏り、玄関ドアが壊れて開閉困難になっている等がその例です。

これらの場合、賃借人は、賃貸人の同意がなくても、自ら賃貸物件の修繕をできます。

賃借人が自分で修繕してその費用を請求してきたとき、賃貸人はどうすればいいか

この場合、その修繕が賃借人の責任ではないことについて、賃借人に説明を求めるべきであることは、既に20項で説明しました。

もう一つ、賃借人が修繕したという場合、それが賃貸物件の使用に本当に必要な修繕なのか、それとも使い勝手をよくするための改良だったのかという観点のチェックも必要です。

というのも、本当に使用するために必要な修繕であれば「必要費」として賃貸人はそれをただちに払う義務があり、払わなければ家賃と相殺されてしまうこともあります。これに対し、そうではない改良費であれば「有益費」として、賃貸物件明渡しのときに改良の価値が残っている範囲で賃借人に払えばよいからです。

賃貸人としては、これらのチェックをし、支払い義務があるという場合に、修繕代金として適正な額かどうかを判断することになります。

◆賃借人に修繕権が認められるとき◆

修繕権を行使して自ら修繕・修繕費用の請求

- 修繕請求したのにいつまでも修繕しない場合
- 急迫の事情があるとき

22 一部使用できなくなったら家賃はどうなる？

改正民法は、賃借人の責任によらずに賃貸物件が一部使用できなくなったら、家賃はその分当然に減額されるというルールを新設した

一部使用不能と家賃の当然減額

　賃貸借契約は、家賃をもらって物件を使用させる契約です。ですから賃貸物件の一部が使用できないということであれば、その分、対価としての家賃をもらう理由がなくなります。

　しかし、使用できなくなった理由が賃借人の責任なら、本来、賃貸人はその分の家賃をもらえたわけですから、いわば損害賠償として、やはり賃借人はその分の家賃も払うべきです。この一部使用不能と家賃減額の関係について、今回の改正までの民法は、賃借人の責任によらずに一部使用できなくなったら賃借人は賃貸人に減額を「請求できる」としていました。

　しかし改正民法は、これを改め「当然に減額される」と変更しました（611条1項）。使用できなくなったそのときから当然に減額されるとしたのです。

　そこで賃貸人は、ある日突然、賃借人から、一部使用不能となったとして「家賃は既に○○円減額されましたからこれだけしか払いません」と連絡されることがあり得ることになります。

減額連絡に対する賃貸人の対応

　たとえば、家屋の賃貸で、賃借人から「同じ敷地で納屋として使っていた建物が今にも壊れそうになって危なくて使えない。その分家賃は当然に減額された。今月から減額した金額だけ払う」と連絡されたら、賃貸人はどうすればよいのでしょうか。

　減額の適正額がいくらかチェックするという観点ももちろん必要です。しかし賃貸人としては、まず第一に、納屋が壊れそうになった原因を説明してもらわなければなりません。

　なぜなら、納屋が壊れそうになったのが賃借人の責任なら、家賃は減

額されないからです。賃貸物件は賃借人が使っているので使えなくなった経緯は賃貸人にはわかりにくく、そのため、使えなくなったのが「賃借人の責任ではない」ことを、賃借人側が証明する責任があるのです。

もし台風や地震で使えなくなったというのであれば、「賃借人の責任ではない」ことになります。第三者によって壊された場合も同じです。

賃貸人自身が壊して使えなくしたという場合はどうでしょう？ この場合も、「賃借人の責任ではない」ことになりますから、改正民法によって家賃は当然に減額されます。

いずれにせよ、賃貸人は「使えなくなったのが賃借人の責任でないことをちゃんと証明してください」と言えます。賃貸人としては、この点の説明に納得できるかをまず検討することになります。

 修繕して使えるようになったら家賃は元に戻るのか

一部使えなくなった時点で家賃は当然に減額されます。しかし、これが修繕されて使用できるようになれば、減額されている理由がなくなるので家賃はまた元に戻ることになります。

今回の改正までは、単に賃借人が減額を「請求できる」とされていたため、賃借人は、賃貸人に家賃減額を請求するのか、それとも修繕を要求するのか、実際はどちらかだけを選択して終わっていたことが多いと思われます。しかし改正民法の下では、家賃は修繕が終わるまで当然に減額されることになるので、それに加えて修繕費も賃貸人が負担しなければならないことがはっきりしたといえます。その分、賃貸人の責任が厳しくなったのです。

◆**物件の使えない分の割合に応じて家賃は当然減額**◆

23 一部使用できなくなったのが賃借人の責任でも、賃借人は賃貸借契約を解除できるか

使用目的に応じた使用ができなくなったら解除できる

 改正前は解除できなかった

　賃貸マンションが火事になって居間と台所が使えなくなったとします。他の部分は使えるのですが、もう居住用としては使えません。さて、その火事の原因が賃借人のタバコの不始末だったとき、賃借人のほうから賃貸借契約を解除して家賃の支払いから免れることができるでしょうか。

　このような場合、今回の改正までは、一部使用不能になったのが賃借人の責任なので、賃借人からは解除できない、とされていました。賃借人は、住めなくても賃貸借契約期間満了まで家賃を払わなければならないというわけです。

 改正民法による変更

　たしかに、このような場合、賃借人のせいで居間や台所が使えなくなったのですから、賃借人が賃貸借契約を解除できるとするのは公平でないと思えます。

　しかし、賃貸借契約はマンションを居住に使うために締結されたものですから、住めないのに契約を続けさせるというのもおかしな面があります。家賃支払いを免れさせるのはおかしいとしても、それは損害賠償の問題として処理すれば足ります。

　そこで改正民法は、賃借人からも解除できると改めました。たとえ賃借人の責任による場合でも、賃貸物件の一部が使用できなくなって賃貸借契約の目的に応じた使用ができなくなったときは、賃貸人はもちろん、賃借人も賃貸借契約を解除して契約を終了させることができる、と定めたのです（611条2項）。今回の改正でそれまでのルールが変更されたものです。

賃貸借契約を解除された賃貸人はどうする？

　解除されて賃借人に退去されれば、それ以降家賃をもらうことはできません。しかし、賃貸人は、その物件を使用できなくさせられたことによる損害や、賃貸借契約が終了したことによる損害等を賃借人に請求できます。賃貸借期間中の家賃もこの損害の範囲に入りますし、将来貸せなくなったことによる損害も入り得ます。物件が大修繕を要するならその費用、もはやどうやっても居住用には使えないなら物件の価額等、賃貸人は、賃借人の責任によって生じた損害の賠償を請求できるのです。

賃貸物件が完全に使用不能になったとき

　賃貸物件が火事で焼失したり、地震で倒壊したりして完全に使用不能になったときは、賃貸人や賃借人からの賃貸借契約解除を待たずに、当然に賃貸借契約は終了します（616条の２）。誰の責任であっても終了しますし、地震等誰の責任でなくても終了します。賃貸借契約を履行することがおよそできないからです。これは、今回の改正前から認められていた点で、今回の改正によって明文で規定されました。

◆暮らせないなら、賃借人に原因があっても契約解除可能◆

残存部分では賃借目的が達成できない場合、賃借人の責任による場合であっても、賃借人も賃貸借契約を解除することができる

※焼失など、賃貸物件が完全に使用できなくなれば、賃貸借契約は当然に終了する

賃借人の責任による場合、賃貸人としては、賃貸借契約が継続していれば得られた家賃収入等について賃借人に損害賠償請求することで対応する

24 賃借人の原状回復義務（1）

改正民法は、通常の使用で生じた損傷の原状回復義務を賃借人は負わないと初めて明文で規定した

 賃借人の原状回復義務

　マンションや一戸建ての賃貸借契約が終了してそれが明け渡される際、住み始めた当初の状態に戻すことを原状回復といい、賃借人がこの原状回復義務をどの程度負うかについて、長い間裁判で争われてきました。

　賃貸物件が損傷を受けているといっても、その中には、たばこの不始末で廊下に焼け跡を作ったとか、ペット禁止なのに飼育してドアに動物の爪による擦り傷が多数できている等、賃借人が不注意で、またはわざと傷つけてしまったことによるものもあれば（以下「賃借人の責任による損傷」）、冷蔵庫やクーラーの後ろの黒ずみ（電気焼け）、家具の下のじゅうたんの凹み、畳やカーテンの日焼け等、契約どおりの通常の使い方をしても生じるものや時間が経つことで当然に起きる劣化もあり（以下「通常の損傷」）、これらのどこまで賃借人が原状回復義務を負うのかがはっきりしなかったからです。

　賃貸借契約の中では賃借人の原状回復義務が定められるのが通常です。そのため、賃貸人は契約どおり元に戻して返してくださいと言い、賃借人は、自分のせいでないのに直す必要はありませんと言って、争いになることがよくあったのです。

 最高裁の判断

　そんな中、2005年（平成17年）に最高裁の判断が出されました。最高裁は、通常の損傷、すなわち、賃借人が通常の使用をしていても生じる損傷や時間が経つことで生じる劣化についての原状回復費用を、原則として賃借人が負担する義務はなく、例外として負担義務を負うのは、賃貸借契約等で、負担すべき通常の損傷の範囲が具体的にはっきりと明らかにされている場合だけである、と判断したのです。

※契約により賃借人の原状回復義務を①まで広げることは可能。
その場合、対象を具体的に定めることが必要

その理由は、通常の損傷によって生じる賃貸物件の価値の減少については、家賃の中に含ませて支払いを既に受けているのが通常だから、賃借人がさらに負担すべきではない、という点にあります。

それではこれを賃借人に負担させる賃貸借契約が常に無効かというと、そうではありません。

最高裁は、家賃を払っていたのにさらにこの原状回復費用を負担させられるのは例外だから、賃借人に負担させるためには、その範囲が賃貸借契約書等で具体的に明示されていた場合に限られる、としたのです。

改正民法による明文化

今回の改正民法は、この最高裁の考えの中の原則部分を初めて明文化したものです。賃借人は、通常の使用によって生じた損傷や時間が経つことで生じる劣化について原状回復する義務はない、という規定を新たに設けたのです（621条）。

それでは、例外として通常の損傷の原状回復義務を賃借人が負う契約とはどのようなものでしょうか。

25 賃借人の原状回復義務（2）

改正民法の下でも、賃借人が負担する通常の損傷の範囲が賃貸借契約等で具体的に明示されていれば、賃借人は原状回復義務を負う

原状回復についての改正民法は任意規定

改正民法はたしかに、賃借人が通常の損傷について原状回復義務を負わないと定めました（621条）。しかし、これは例外を認める最高裁の考えを否定するものではなく、最高裁判例の原則的な考えを明文のルールとして規定したものです。

すなわち、これと異なる賃貸人・賃借人間の契約は有効です。改正民法の上記条項は任意規定というわけです。

賃借人が通常の損傷について原状回復義務を負う場合

では、どのような場合に賃借人は通常の損傷の原状回復義務を負うのでしょうか。

それは、義務を負う範囲が賃貸借契約等で具体的にはっきりと明示されていた場合です。このような場合、賃借人は、賃貸借契約の際に具体的な義務の範囲を認識したうえで契約を結んだといえますから、賃借人にとって酷とまではいえないと考えられるからです。

それでは、「賃借人は、目的物を原状に回復したうえで返還しなければならない」とか、「賃借人は、通常の損傷や経年による劣化についても原状回復義務を負う」と契約で定めていた場合はどうでしょう？

この場合は、賃借人はその原状回復義務を負いません。

なぜなら、このような記載では家賃を払ったにもかかわらず、さらに費用負担させられる範囲が具体的にわからず、賃借人にとってその契約内容が賃貸借契約を締結するかどうかの判断材料になり難いからです。実際、最高裁判例のケースでは、そのような抽象的な契約は無効と判断されています。また、通常の損傷を賃借人に負担させる契約を有効と認めた他の判例も、非常に細かく、具体的にはっきりと範囲が明示されて

いたときのみ、有効性を認めています。

そこで、たとえば、賃借人が原状回復義務を負う範囲や賃貸人が負担する範囲を一覧表にし、そこに具体的な項目を書いて、それらを賃借人と賃貸人のどちらが負担するか一見して明らかにしておく等にすることが必要です。

◆**通常の損傷についての原状回復義務**◆

例　家具の下のじゅうたんの凹み、畳やカーテンの日焼け等

○賃借人に原状回復義務なし。ただし、これと異なる特約は可能

○賃借人に原状回復義務を負わせる特約は、賃借人が負う義務の範囲が具体的にはっきりと明示されていなければ、無効とされる

○「賃借人は、通常の損傷や経年による劣化についても原状回復義務を負う」等の抽象的な特約は無効

たとえば、その表に「エアコン及び冷蔵庫の後ろにできる黒ずみ（電気焼け）」「家具を置くことで居間のじゅうたんに生じる凹み」「畳、じゅうたん、カーテンの日焼けによる変色」等の項目を記載し、その原状回復費用を賃借人が負担する、とはっきり賃貸借契約書面に記載することが必要となるのです。

そのような場合は、改正民法にかかわらず、賃借人がその原状回復義務を負います。

通常の損傷以外で賃借人の責任によらずに生じた損傷の取扱い

改正民法は、通常の損傷以外で賃借人の責任によらずに生じた損傷、たとえば、地震で生じた壁の表面のひび割れ、隣家の火事の消火で床が水浸しになって腐食した、第三者が窓を壊した等の場合も、賃借人は原状回復義務を負わないと定めました（621条）。

これも任意規定ですから、これと異なる契約をすることは可能です。しかし、通常の損傷と異なり、いったいどのような損傷が将来賃借人の責任ではなく生じるかは予想が困難で、具体的に契約に細かく規定するのは難しいでしょう。また、仮に「地震による壁のひび割れ」の原状回復義務まで賃借人に負わせる契約をしたとすれば、一方的に賃借人に不利な契約と評価され、消費者契約法という民法とは別の法律で無効とされたり、公序良俗違反で無効とされたりする可能性もあると考えられます。

26 賃借人が建物に附属させた物の撤去

改正民法は、取り外し可能な物は賃借人に撤去義務があると定めた

 ### 退去の際の撤去義務

　改正民法は、賃借人が建物に取り付けた物（以下「附属物」）で取り外しが可能なもの、たとえば、エアコン、畳、間仕切り等は退去時に撤去する義務があることを初めて明文化しました（622条、599条1項）。今回の改正までは、賃借人には附属物を撤去する権利があるとだけ定められていたところ、権利だけでなく義務も加わったのです。

　「権利もあるし義務もある」とは、どういうことなのでしょう？　それは、賃貸人が撤去しないでくれと言っても賃借人は撤去できるし、賃貸人が撤去してくれと言ったら賃借人は撤去しなければならない、ということです。

　他方、取り外しできないもの、たとえば、壁に塗られたペンキ、障子紙等については、賃借人は撤去する義務を負いません。ただし、これらについては、賃借人の原状回復義務として、壁の塗り直し等が求められる場合があります。

　では、賃貸人が撤去を要求しないとき、賃借人は附属物を放置して置きっぱなしにすることはできるでしょうか。

　これはできます。この場合、賃借人は撤去権を放棄したのであり、賃貸人は撤去義務の履行を求める権利を放棄しているからです。

 ### 賃借人は置きっぱなしにしたエアコンの買取りを賃貸人に請求できるか

　さて、賃借人が建物に附属させた物を賃貸借契約終了時にどう扱うかについては、民法だけでなく、借地借家法にも規定があります。「造作（ぞうさく）買取請求権」といわれるものです（同法33条）。賃貸人の同意を得て建物に附属させた造作物は、建物退去の際、賃借人が賃貸人に買い取るよう請求できる権利です。

◆賃借人の撤去義務と撤去権◆

	取り外せる物
賃借人の撤去義務	◯ あり
賃借人の撤去権	◯ あり

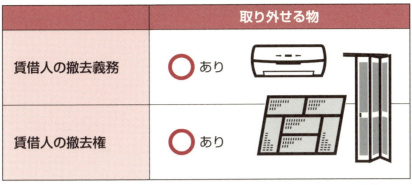

※取り外せる物でも、簡単には取り外せない業務用エアコンは、造作として賃借人の買取請求権がある。ただし、この権利を放棄させる特約は有効

　今回の改正民法の下では賃借人に附属物の撤去義務があるのに、賃貸人に対する買取請求権もあるというのはいったいどういうことでしょう？
　その関係は、民法はあくまで一般的な規定で、借地借家法は不動産賃貸借の特別法なので、借地借家法が民法に優先するというものです。賃借人は造作買取請求権を行使することで撤去義務を免れます。
　では、賃借人は、退去の際、自分が取り付けたエアコンを賃貸人に買い取るよう請求できるのでしょうか。
　よく争われる問題ですが、できないと考えられます。
　なぜなら、買取請求ができる造作とは、簡単には取り外せないように建物に取り付けられた物のことだからです。だからこそ、やむをえず買取請求が認められるのです。したがって、簡単に取り外して撤去できる通常のエアコンは造作買取請求の対象ではないのです。
　では、壁や天井裏に大きな工事を加えて設置し、簡単には取り外せなくなっている業務用エアコンなどはどうでしょうか。
　たしかにこれは買取請求ができる造作にあたると考えられます。ただし、一般に、賃貸借契約では「賃借人は造作買取請求権を放棄する。」という特約が定められていて、この特約は有効と解されています。
　したがって、この特約がある限り、たとえエアコンが造作にあたったとしても、賃借人はその買取請求をすることはできません。

27 賃借人は賃貸物件の使用妨害をやめるよう請求できるか

改正民法は、賃借人に第三者に妨害をやめるよう請求できる権利があることを初めて明文で定めた

 賃貸物件の使用妨害をどうやって解決する？

　賃貸物件を借りてもいない者（以下「第三者」）が勝手に入り込んで居座っているとします。住居侵入罪で警察に訴えれば解決できると思えます。しかし、その第三者が「自分こそ賃貸人から借りた賃借人である」とか、「あなた（賃借人）から又借りしたはずだ」とか、「自分が賃貸物件の所有者であなたに貸した覚えはない」などと主張していたらどうでしょう。警察はなかなか取り上げてくれないかもしれません。そうでなくてもその第三者との人間関係上、警察にはどうしても言いにくい事情があり、刑事事件ではなく民事事件として解決するしかない場合もあります。

　また、入り込んで居座っているとまではいかなくても、賃貸マンションの一部屋に荷物を大量に運び込んで置きっぱなしにして使用を妨げているという場合もあります。

 賃借人に使用妨害をやめるよう請求する権利があるか

　このような場合、賃借人自身に第三者に対して使用妨害をやめるよう請求する権利があるかは議論があったところなのです。

　請求できるのが当たり前とも思えます。しかし、賃借人は賃貸人との間で賃貸借契約を締結してその物件を使用しているだけの立場です。契約とは、契約当事者間の権利や義務を定める約束にすぎませんから、賃貸借契約があるだけでは、第三者に何かを請求できることにはなりません。これが賃貸人であれば、賃貸物件の所有者として、妨害をやめるよう請求できます。

　もちろん、事実上、第三者に「何だ。出て行け」と言うのは可能です。しかし、賃借人が、裁判で出ていけという判決をもらう権利があるかに

ついて、これまで明文規定はなかったのです。

 改正民法による明文化

　しかし、所有権はなくても、賃借人は物件に住んでいたり仕事に使っていたりするわけですから、賃貸人に劣らず重要な利益を有しています。

　そこで改正民法は、賃借人が既に建物の使用を開始している場合や、賃借権を登記している場合は、賃借人に使用の妨害をやめるよう請求できる権利があると初めて定めました（605条の４）。

　実際に使用していなくても登記さえあればこの権利が認められる理由は、不動産登記簿は法務局で誰でも見れるため、第三者からしても賃借権の存在を容易に確かめられるからです。

　改正民法は、賃借人の修繕権といい、この妨害をやめさせる請求権といい、実際に借りて住んだり使用している人の直接的な法的権利を拡げる立場を採用しているといえます。

28 用法違反による損害賠償請求権の消滅時効

改正民法は、賃貸人が物件の返還を受けてから1年間は消滅時効は完成しないとした

用法違反による損害賠償

　たとえば、賃借人がペット飼育禁止のマンションで長年ペットを飼ってその爪痕が廊下中に残っていたとか、家具を搬入するときに誤って壁に大きな傷をつけてしまったとか、ゴミを長期間放置して床を腐らせてしまった等、賃貸物件の用法違反によって賃貸人の賃借人に対する損害賠償請求権が発生する場合があります。

　この損害賠償請求権の消滅時効期間は、どうなっているのでしょう？

改正前の民法には不合理な面があった

　今回の改正までは、用法違反で賃借人が賃貸物件に損害を与えたときから10年間、または、賃貸人が賃貸物件の返還を受けてから1年間のどちらか早いほうで、消滅時効期間が完成するとされていました。

　しかし、これでは賃貸借契約が長期間継続し、たとえば、家具搬入の際に壁に大きな傷をつけてから12年後に賃貸借契約が終了し、賃貸人に物件を明け渡したケースでは、明け渡しの時点で既に損害賠償請求の消滅時効が完成してしまっています。賃貸人からすれば、明け渡しを受ける際に中を見て初めてその傷があるとわかるのに、もはや契約違反による損害賠償請求ができなくなっているのです。

改正民法による調整

　そこで改正民法は、賃借人から明け渡しを受けて1年間は、この賃貸人の損害賠償請求権は時効消滅しないというルールを新たに設けました（622条、600条）。これによって、どんなに長期の賃貸借契約であっても、明け渡しの時に発見した用法違反による損害賠償請求は、明け渡しから1年間は時効消滅しないことになりました。

◆物件返還から１年間は契約違反による賠償請求が可能に◆

しかし、逆に言えば、明け渡しを受けてから１年間しかこの損害賠償請求ができないことになりますから、賃貸人としては注意が必要です。

不法行為による損害賠償請求との関係

さて、賃貸物件が用法違反で壊されたたことで発生する損害賠償には、２種類あります。賃貸借契約違反によるものと、不法行為、すなわち、契約のあるなしに関わらず不注意で他人の権利を侵害したことによるものです。

この不法行為の時効は、被害者（賃貸人）が、損害と加害者を知ったときから３年間、または、不法行為のときから20年間のどちらか早いほうで完成します（724条）。

したがって、たとえば、賃借人が家具搬入のときに壁に大きな傷をつけた場合、傷をつけてから17年経って賃貸人が明け渡しを受けて初めて気づいたときでも、明け渡しを受けてからからまだ３年間は不法行為による損害賠償請求が可能です。契約違反による場合と異なるわけです。

また、契約違反による請求では、賃借人が、賃貸借契約違反がなかったことを証明しなければならず、不法行為では、賃貸人が、賃借人に不注意があったことを証明しなければならないという違いもあります。

そのため、時効期間は不法行為のほうが長いけれど、賃貸借契約違反に基づくほうが賠償請求をするのが容易という差が生まれます。

賃貸人からすれば、遅くとも明け渡しを受けてから１年間の間に損害賠償請求をしておくべきと考えておくのがよいでしょう。

29 賃貸借契約の最長期間に制限はあるか

改正までは最長20年間だったが、改正民法で最長50年間に延ばされた。ただし、建物の賃貸借期間に最長期間の制限はない

 賃貸借の最長期間には制限がある

　賃貸借契約ではその期間が定められるのが一般的です。実は、民法で、この賃貸借期間の最大限（最長期間）が定められているのです。

　今回の改正までそれは20年間とされていました。これより長い期間の賃貸借契約をしても20年間で終わりとされました。更新はできるけれど、更新期間も更新から20年以内でなければならなかったのです。

　しかし、たとえば、機械を長期間借りても技術の進歩でメンテナンスが可能だったり、土地の賃貸借でも、ゴルフ場や太陽光発電のパネル設置のために借りる場合等、20年を超えても借り続ける必要性があります。

　そこで、改正民法は、賃貸借契約の最長期間をそれまでの20年間から50年間に延ばしました（604条）。契約を更新する場合も50年が最長です。

　それならいっそのこと、制限を完全撤廃して無制限としてしまえばよさそうです。しかし「期間無制限の賃貸借契約」を締結させられる場面は、賃貸人にとっても賃借人にとっても過酷な契約が強いられているという実態があり得ます。そこで、改正民法でも一応の制限は存続させることにし、ただそれを50年間に延ばしたのです。

 建物賃貸借契約に最長期間の制限はない

　マンションや一軒家などの建物は長期間存続するものであるうえ、住居に使用する目的で賃貸借契約が結ばれる場合も多く、それにもかかわらず契約期間の上限が20年とされるのは不当です。工場などの事業用建物の場合も同じです。

　そこで今回の改正前から、建物の賃貸借契約については、期間の上限を定める民法の規定が借地借家法によって排除されており、賃貸借期間の上限はありません（借地借家法29条2項）。更新による期間の上限も

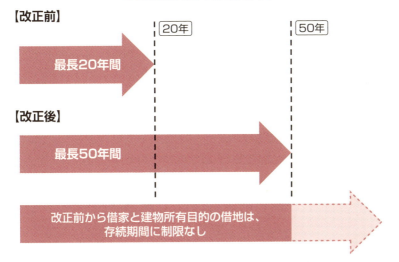

ありません。契約期間を100年と定めてもよいのです。

ただ実際の居住用建物賃貸借では、期間を2年と定め、その更新が続いていくという場合が多いと思われます。しかし、たとえ2年と定めても、正当な理由がなければ賃貸人は更新拒絶できないというルール（借地借家法28条）によって、非常に長期間、賃貸借契約が継続する場合があります。

一方、書面で契約する場合は、更新がない建物賃貸借契約を締結でき（借地借家法38条以下）、この契約であれば賃貸借契約期間の上限を実質的に定めることができます。定期借家契約と呼ばれ、広く利用されています。

建物所有のために借りる土地の賃貸借契約にも最長期間の制限はない

建物の賃貸借でなくても、建物所有のために土地を借りる場合、その契約期間に上限があったのでは、建物の使用ができなくなってしまいます。

そこで、建物賃貸借と同じく、建物所有目的の土地賃貸借も、今回の民法改正前から、期間の上限を定める民法の規定は排除されていました。原則として、契約によって定められた30年以上の期間とする、とされています（借地借家法3条）。

第4章

その他のルールの改正と不動産賃貸業

30 家賃の消滅時効期間

改正民法は、賃貸人が家賃を請求できることを知ったときから5年間で、請求できることを知っていても知らなくても家賃を請求できるときから10年間で、家賃請求権の消滅時効は完成すると定めた

消滅時効とは

　たとえば、「翌月分の家賃を前月25日に支払う」という賃貸借契約であったとします。このとき賃貸人は、6月分の家賃を5月25日に賃借人に請求できます。

　そして、支払日を過ぎその6月分の法律で定められた一定期間が経過すれば、もはや賃貸人は家賃を請求できなくなります。正確には、一定期間が経過し、かつ、賃借人が「時効だから払わない」旨賃貸人に告げたときに6月分の家賃は時効で消滅します。権利の上に眠っていた賃貸人は保護に値しないというわけです。

　この一定期間のことを「消滅時効期間」といい、時効だから払わないと債務者（賃借人）が債権者（賃貸人）に告げることを「時効の援用」といいます。消滅時効期間が経過し、かつ、債務者によって時効が援用されたときに、請求権は時効で消滅します。

家賃の消滅時効期間は何年か

　今回の改正まで、家賃の消滅時効期間は、家賃を請求できるときから5年間に固定されていました（改正前民法169条）。他方、改正前の民法は、請求権の種類に応じて、たとえば、医師の報酬は3年、弁護士の報酬は2年、卸売りや小売りの代金請求権は2年等、さまざまな消滅時効期間を定めていて、そのような区別には合理性がないと指摘されていました。

　そこで改正民法は、契約によって生じた請求権の消滅時効期間を統一しました。それは、①権利を行使できることを債権者が知ったときから5年間、②債権者が権利を行使できることを知ろうが知るまいが、客観的に権利を行使できるときから10年間です（166条1項）。

◆**家賃支払いについての消滅時効**◆

①家賃を請求できることを賃貸人が知ったときから5年間

②家賃を請求できるときから10年間（請求できることを知っても知らなくても）

※①②のどちらか早いほう

　①は債権者の主観で消滅時効期間の開始時点を決めるもの、②は客観的に権利行使が可能な時点を開始時点とするものです。

　家賃の場合は、賃貸人はいつ家賃の支払いを賃借人に請求できるか知っているのが通常です。そこで、通常は、「家賃の支払時期から5年間」が消滅時効期間と考えてよいことになります。何か特殊な事情、たとえば、賃貸人が亡くなって相続が発生し、相続人が相続財産に賃貸不動産があることを知らなかったという事情がある場合は、家賃を請求できる時期を賃貸人（の相続人）が知らなかったということもあり得ます。

時効消滅を食い止めるには

　消滅時効が認められる大きな理由は、債権者が権利の上に眠っていたという点にあります。そこで、眠っていないことを示して時効消滅を止める方法が認められています。裁判や調停等を起こす（147条）、口頭でも文書でもよいので支払いを債務者に請求する＝催告する（150条）などです。催告は、催告したときから6か月間だけ時効期間満了を止められます。また、債務者が支払義務を認めれば、認めたときからさらに時効期間が経過するまでは時効は完成しません（152条）。加えて、債権者と債務者で協議することで時効期間満了を一定期間止められる制度が、改正民法で新設されています（**31**項を参照）。

31 協議による時効の完成猶予

改正民法は、賃貸人と賃借人が家賃について協議することを書面等で合意すれば、合意から1年間、またはその合意で定められた1年未満の協議期間中は、時効期間が満了しないという新しい制度を創設した

時効消滅を食い止める新しい方法

　債権者が一方的に時効期間満了を防ぐための方法には、裁判等を起こすやり方があります。他に、支払い請求（催告）するというやり方があるものの、催告は催告したときから6か月間しか時効期間の満了を止めることができません。そこで、催告の他にも、裁判所を使わずに済む方法があれば当事者にとって望ましいといえます。

　その観点から、改正民法は、債権者と債務者の間で請求権の有無等について協議する合意が書面などでなされた場合は、一定期間、時効期間が満了しないというまったく新しい制度を設けました。

　ここで言う合意（以下「協議の合意」）は、協議するという合意であって、協議の結果としての債務の有無や支払方法についての合意ではありません。合意は、書面でなされなくても、Eメール等の電磁的記録でされても書面による合意があるものとみなされます。

時効の完成が猶予される一定期間とは

　書面などで協議の合意がなされることで、次の（1）から（3）の期間の一番早いときまで、時効期間が満了しなくなります（151条）。
（1）協議の合意がされたときから1年間。
（2）協議の合意において協議期間が定められたときは、その期間。ただし1年未満に限る。
（3）協議期間中であっても、一方から他方に協議続行を拒絶する通知が書面等でされたときは、その通知から6か月。

　また、上記（1）から（3）によって時効の完成が猶予されている間に、再度協議の合意が書面などでなされれば、同じように時効期間が満了しない効果が生じます。ただし、協議の合意を繰り返したとしても、

◆**(1)(2)(3)の一番早い時点まで時効完成が猶予される**◆

(1) 協議の合意がされたときから1年間

(2) 協議の合意において期間が定められたときはその期間（1年未満に限られる）

(3) 協議期間中、協議を拒絶する通知が書面等でされたときはその通知から6か月

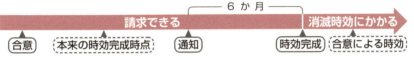

※協議の合意による猶予期間は上記（1）から（3）を繰り返しても合計5年まで

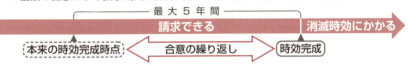

本来であれば時効期間が満了する時点（家賃であれば支払時期から5年経過時点）から、合計5年間しか、時効の完成は猶予されません。

 具体例

　たとえば、家賃が支払時期から払われずに4年10か月経ち、その時点で、協議期間は定めない協議の合意が成立したとします。この場合、本来は支払時期から5年経過時点で時効期間が満了するものの、協議の合意から1年間、すなわち、支払時期から5年10か月経過時点まで時効期間は満了しません。協議の合意で「5か月間」という協議期間が定められたら、支払時期から5年3か月経過時点まで時効期間は満了しません。

　また支払時期から5年8か月経過時点までの協議期間が定められたけれども5年1か月の時点で賃貸人から賃借人に「協議はもうしない」と通知されたら、通知から6か月経過時の5年7か月で時効期間が満了します。時効の完成が猶予されている間に再度あるいは再々度等、協議の合意を繰り返しても、時効期間満了を猶予させられる最大期間は、本来の時効完成時点から5年経過時点までです。

32 家賃滞納等の場合の遅延損害金の利率

改正民法は、これまで年5％の固定制だった法定利率を、改正民法施行時点で年3％に下げ、以後は3年ごとに見直す変動制を採用した。家賃滞納等の場合の遅延損害金も、賃貸借契約でその利率を合意していなければこの法定利率が適用される

法定利率とは

　法定利率は、文字どおり、法律で定められている利率のことです。金銭の貸し借りで利息が何％か決めていなかった場合や、交通事故等の損害賠償に適用されるだけでなく、家賃滞納等の金銭債務の不履行での遅延損害金の利率として適用されます。たとえば、法定利率が5％で家賃10万円の支払いが1年間遅れたとします。このとき、賃貸人と賃借人の間で5％を超える利率を定めていなければ、年5％の遅延損害金5000円を加えた10万5000円が賃借人の支払うべき金額となります（419条）。

「年5％は高すぎる」という指摘

　今回の改正まで法定利率は年5％に固定されていました。しかし、低金利が長期間続く中で、年5％の利率は高すぎると指摘されていたため、改正民法は、これをまず3％に引き下げ、その後は経済情勢を参考に3年ごとに見直す変動制を採用しました（404条）。なお、これまで会社が関係する取引等から生じる債務の法定利率は年6％とされていたところ（商事法定利率、商法514条）、これも同じ理由で撤廃され、改正民法施行後の法定利率は、改正民法で定める利率に統一されます。

具体的な利率はどうなる？

　改正民法施行時点でまず3％に下がります。その後は、3年を1期として、3年ごとに見直されます。
　見直しの方法は、直前年を除く直近5年間の毎月の短期貸付け（各月に銀行が新たに行った貸付期間1年未満の貸付け）の平均利率の合計を60（5年間の月数）で割って計算された割合を「基準割合」とし、直近で法定利率が変更された期の基準割合と、当期の基準割合を比べ、その

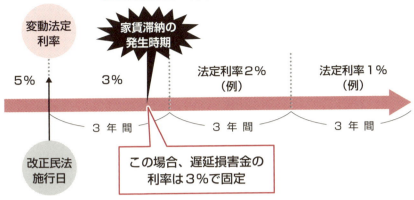

差が1%以上ある場合に、1%きざみで加算または減算して当期の法定利率を決めるというものです。差に1%未満の端数があるときは、その端数は切り捨てます。

要するに、過去60か月の平均銀行金利を参考に今後3年間の法定利率を1%きざみで見直す、というものです。

たとえば、2026年（令和8年）6月1日から新たな3年間の期（以下「当該3年間」）が始まり、当該3年間に対応する基準割合が2.2%とします。その前に法定利率が変更された期の基準割合が0.8%であったとすると、基準割合の差が1.4%ですから、0.4%を切り捨てた1%を、それまでの法定利率に加えます。直前期の法定利率が1%であれば当該3年間は2%になります。

 家賃滞納から払われるまでに法定利率の変更があった場合はどうなる？

最初に遅延損害金を払わなければならなくなった時点の法定利率が適用になります（419条）。たとえば、2020年8月25日が支払時期の家賃の滞納があった場合は、その翌日時点での法定利率が適用になります。

 賃貸借契約で定めておく必要性が高まった

このように賃貸借契約で別途定めておかなければ、遅延損害金の利率は変動制の法定利率になり、その％の確認も大変です。これまで以上に、賃貸借契約でその利率を定めておく必要性が高まったといえます。

33 賃貸人の債権者が、家賃を自分に払えと賃借人に請求できるときがある

改正民法は、債権者（A）が債務者（B）の請求権を行使して、Bの請求先（C）に自分（A）に直接支払うよう請求できることを明文で認めたうえ、その場合、Bも自分に支払うようCに請求できるとした

債権者が債務者の権利を行使できるとき

たとえば、賃貸人（B）に売買代金支払いを請求できる債権者（A）がいたとします。しかし、Bの財産は、賃貸している不動産しかなく、しかもその不動産には既に多額の債務を担保するため抵当権が設定されています。このような場合、Aは、Bが賃借人（C）から毎月払ってもらえる家賃でしか売買代金の回収を図ることができません。

そんなとき、AはCに対し、「BではなくAに家賃を払え」と請求できるのです。これを債権者代位権と呼んでいます（423条の3）。改正民法で明文化された点で、Aは、裁判する必要もなく、単にCに請求すればよいのです。

ただし、Bの権利を第三者であるAが勝手に行使することを法律が許すわけですから、そこには条件があります。それはAの債権を確保するために必要であること＝Bには他に財産がないような場合であることが条件になるのです。

そのときBは何ができる？

それでは、Aが家賃請求権を行使したとき、賃貸人Bは何ができるでしょうか。

この点が、改正民法がそれまでの判例等の考え方を覆した非常に珍しい点です。

改正民法は、AがC（賃借人）に家賃支払いを請求したときでも、B（賃貸人）は、Cに対して「それでも自分（B）に家賃を払え」と請求できるとしたのです。他方Cは、Aに払うこともBに払うこともでき（423条の5）、いずれかに払えば家賃支払いの責任を免れます。

改正までの判例等は、AがCに請求すると、BはもはやCに請求でき

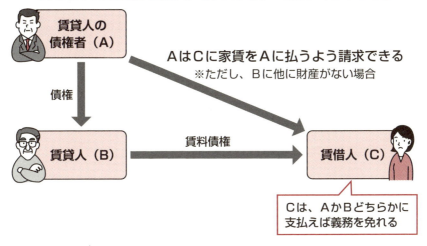

なくなる。なぜならそう解さないとBの債権者であるAの権利が確保できなくなるから、としていました。

ところが改正民法は、いくらAが債権者だからといって、裁判所を使って差し押さえたわけでもないのに、請求しただけでBが自分の権利を行使できなくなるのは、Bの財産に対する過剰な規制でおかしい、と考えたのです。

そのため、この方法（債権者代位権）による債権回収は、改正前に比べて実効性が減少したといえます。

 債権者が権利を確保するためには

そこで、Aだけが支払いを受けようと思えば、Aは、裁判所の判決や強制執行受諾文言付き公正証書によって、Bの債権（上の例では家賃）を差し押さえることになります。

差し押さえられればBはもはやその権利を行使できません。上の例では賃貸人は賃借人に家賃を払えといえなくなり、賃借人も賃貸人に払えなくなるのです。しかもAは、裁判所の差押え命令がBに到達してから1週間経過したら、直接、Cから取り立てる＝Cに払ってもらうことができます。また、差し押さえた債権をそのままAに譲渡する命令（転付命令）を裁判所から出してもらうこともできます。

34 将来発生する家賃請求権を譲渡できるか

改正民法は、将来発生する家賃請求権等も譲渡できることを明文で定めた

 家賃請求権の譲渡

　家賃請求権は、賃貸人が賃借人に家賃の支払いを請求する権利で、その中には支払時期が到来し既に具体的に発生しているものと、まだ到来しておらず今後（将来）発生するものの両方があります。

　請求権も財産の一種ですから譲渡できます。改正民法は、既に発生している請求権のみならず、将来発生する請求権も発生前に譲渡できるという改正前から認められていた考え方を明文化しました（466条の6、467条）。

　賃貸人Aに1か月15万円の家賃収入があり、その支払時期が毎月25日とします。2020年10月10日の時点ではまだ同月25日発生分以降の家賃は発生していません。しかし、Aは、たとえば「2020年10月から5年間で発生する家賃債権はすべてBに譲渡する」という契約を結ぶことで、将来の家賃債権を譲渡し、その代金を手にすることができるのです。

 将来発生するかどうかはっきりしないのに譲渡できるか

　しかし、たとえば家賃が現在15万円あったとしても、将来そのまま継続するかどうかはっきりしません。賃借人が退去することもあり、次の賃借人が入れ替わりに決まるかもわからないからです。将来発生する請求権には多かれ少なかれこのような性質があります。発生が確実でなかったり、発生可能性が低い請求権も譲渡できるのでしょうか。

　この点について1999年（平成11年）の最高裁判例があり、最高裁は、債権（請求権）譲渡契約時に債権発生の可能性が低かったとしても、当然に債権譲渡ができなくなるわけではないと判断しました。将来の債権発生の可能性の大小は、債権譲渡の代金をいくらにするかに反映されることになるというわけです。譲渡対象となる将来の期間も、3年間分と

◆**家賃債権が譲渡されたとき**◆

か5年間分とか法律で定められているわけではなく、譲渡当事者間で合理的な範囲の期間を決めることになります。

 債権が二重に譲渡されたらどうなる？

　同じ債権が、Aから、BとCの両方に譲渡された場合は、譲渡人であるAが、内容証明郵便等で、債務者（家賃の場合は賃借人）に、当該債権はBに譲渡した旨通知すれば、その通知に記載されたBがCに優先します（467条）。もしAが、Bへの譲渡も、Cへの譲渡も、両方債務者に通知した場合は、通知が早く債務者に到達したほうへの譲渡が優先します。この通知等を「債権譲渡の対抗要件」と呼んでいます。

 **将来の家賃債権を譲渡した後、
賃貸物件自体を他に譲渡したらどうなる？**

　AがBに、今後3年間で発生するマンションの家賃債権を譲渡したその2年後に、今度はそのマンションをCに譲渡したとします。この場合、譲渡された将来家賃が発生し終わる前にマンションの賃貸人が変わったことになります。果たしてBとCのどちらが最後の1年分の家賃を取得するのでしょうか。

　改正民法はこの点を定めていません。しかし、上記賃借人への通知等（債権譲渡の対抗要件）がされた後でマンションを買うのであれば、Cは、家賃が譲渡されているかを通知を受けた賃借人に確認できたといえます。そこで、この通知等とマンションの所有権移転登記の先後により決すべきです。通知が登記より早ければ、最後の1年分もBが取得し、登記が通知より早ければ、Cがその1年分を取得すると解すべきです。

35 賃貸借契約を解除できない場合

改正民法は、賃借人が未払家賃の支払請求に応じない場合でも、程度が軽微なら契約を解除できないと定めた

 ### 契約を解除する方法

契約は、相手方が義務を履行しなければただちに解除できるというわけではありません。一定期間を定めてその間に履行するよう請求し、その期間が経過してもなお履行されない場合に初めて解除できるのが原則です。この請求のことを「催告」と呼びます。履行の催促を告げるものです。

しかし改正民法は、催告された一定期間が経過した時点で、債務不履行の程度が社会通念上軽微なら契約を解除できないと定めました（541条）。解除するには、解除されるほどの不履行が残っていることが必要というわけです。

 ### 賃貸借契約の解除

これまでも賃貸借契約を解除するには、賃貸人と賃借人の信頼関係が破壊されるような不履行が必要とされてきました。解除されると賃借人の住む所がなくなる等、重大な影響が生じ得るので、相当ひどい不履行が必要というわけです（以下「信頼関係破壊の理論」）。

そのため家賃滞納があっても1か月分の滞納だけでは解除できず、3か月分程度の滞納があるとか、繰り返し繰り返し滞納するなどの場合でなければ解除できないのが通常です。

 ### 信頼関係破壊の理論と改正民法の関係

このように賃貸借契約では、今回の改正の前から不履行の程度が軽微であれば解除できません。

それでは、3か月分の家賃滞納があり、賃貸人が賃借人に「1週間以内に払わなければ解除する」と通知したとします。1週間経過後も3か

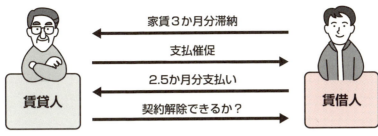

※解除できるかは、不払いの繰り返しなど不履行の態様による

月分まるまる払われていなければ解除は可能です。では、2.5か月分だけ1週間以内に払われ、0.5か月分は払われなかったとします。解除できるでしょうか。

一般に家賃を3か月分も払わなかったことは信頼関係を破壊するものといえます。しかし、催告された期間経過時に残っているのは0.5か月分ということをどう評価するかは微妙です。3か月分も滞納したうえにまだ不履行を残すのは信頼関係を破壊するとも言えますし、残りが0.5か月分しかないのだから破壊していないとも言えます。

このような微妙なケースにおいて、今回の改正民法は影響を与えると考えられます。催告された期間の経過時点で0.5か月分しか滞納が残っていなければ、社会通念上不履行の程度が軽微なので解除できないというわけです。

ただし、たとえ0.5か月分しか残らなかったとしても、催告するまでも不払いが繰り返されていた等、不履行態様が信頼関係を破壊する場合は、解除が認められると考えられます。

催告不要の解除

もう一点、改正民法は、債務者が全部の履行を拒絶する意思を明確に表したときは、催告なしにただちに解除できるという規定も新設しました（542条1項2号）。この点、賃貸借契約では信頼関係破壊の理論もあるため、交渉中に単に「そんなことを言うならもう払わない」と言ったというだけでは足りず、家賃を今後払わないという強固な意思がはっきりと、しかも文書、eメール、録音等で後に証明できる形で示されたことが催告なしの解除のためには必要となると考えられます。

36 不動産賃貸借契約と定型約款

改正民法は、定型約款についての規定を新設した。しかし、不動産賃貸借契約はこの定型約款には該当しない

約款とは

　たとえば公共交通機関を利用する場合、不特定多数の利用者は、誰であろうと事業者があらかじめ用意した詳細な利用規定（運送約款）に従わなければなりません。電気の利用（電気供給約款）、損害保険や生命保険契約の基本的部分（保険約款）、インターネットやソフトウェアの利用規定も同様です。

　このように事業者が予め定め、利用者の個性にかかわらず画一的に適用されるサービス利用等のルールを約款と呼んでいます。これまでは、約款が一方的に事業者側が定めるものであるにもかかわらず、不当な条項の効力、どのような場合に事業者は一方的に内容を変更できるのか等について明文のルールはありませんでした。

改正民法が初めて定めた約款のルール

　改正民法は、この約款に関し、不特定多数の者を相手として、内容が画一的であることが契約当事者双方に合理的な取引をするために、特定の者（A）が予め準備した契約条項を「定型約款」と名付け、この定型約款に関し、①取引の相手方の利益を一方的に害する条項は合意がなかったとみなす。②Aは、必要性、相当性等に照らし合理的な場合等に限り、相手方の同意なく内容を変更できること等を初めて定めました（548条の2、548条の4）。

不動産賃貸借契約と定型約款

　それでは不動産賃貸借契約は定型約款として改正民法で規制されるのでしょうか。

　建物の賃貸借契約書も、予め不動産業者が定型的な内容のものを用意

しておき、それを賃借人となろうとする者に提示して承諾をもらって契約に至るケースが多いので、定型約款に該当するようにも思われます。

◆不動産賃貸借契約は「定型約款」に該当しない◆

定型約款
→ 不特定多数の者を相手とし、内容が画一的なことが契約当事者双方に合理的な取引をするために、予め準備された契約条項

⬇

不動産賃貸借契約は「定型約款」に該当しない
→ 不動産業者が定型的なものを用意していても、それはあくまで「ひな形」で、個別修正も加えられるもの

しかし、不動産業者の用意している契約書はあくまで「ひな形」であって、実際には賃借人となろうとする者との間で必要な個別修正が加えられることが予定されています。また、賃借人となろうとする者と賃貸人が信頼関係をもてるかどうかは個別の判断で、不特定多数に対する画一的な取り扱いが予定されている場面とは異なります。不動産賃貸借契約は、相手方の個性に着目した取引なのです。

したがって、不動産賃貸借契約は改正民法に定められた定型約款ではありません。そのため、不合理な内容が改正民法によって効力が否定されることもありませんし、合理的な内容であっても、賃貸人が一方的に契約内容を変更することはできません。

賃貸借契約の条項が無効となる場合

しかし、それでも不合理な賃貸借契約の条項が無効となる場合はあります。

その根拠は、まずは消費者契約法です。賃借人が個人（＝消費者）の場合で、賃貸借契約に、信義に反して賃借人にとって一方的に不利といえる条項がある場合は、同法によって無効とされる場合があります。たとえば、地震による賃貸目的物の修理代金が多額になってもすべて賃借人に負担させる、という条項があれば、消費者契約法で無効とされるでしょう。また、あまりに不合理さが著しい条項は、公序良俗違反という理由で無効とされる場合もあります。

37 契約自由の原則と暴力団排除条項

改正民法は、契約自由の原則を初めて明文化した。暴力団排除条項もこの原則から有効。他方、この条項を入れておかなければ、単に契約後に暴力団等と判明しただけで契約解除するのは困難

 ## 契約自由の原則

契約をするかしないか、どのような内容の契約にするか、契約を書面にするかしないかは、原則として当事者の判断に委ねられています。これを「契約自由の原則」といい、これまでも判例等で認められてきた原則です。改正民法は、初めてこれを明文化しました（521条、522条）。これは単に判例等を明文化したというだけでなく、今回の改正民法全体に流れる、契約当事者の判断を尊重するという考え方を象徴的に示す明文化と言ってよいでしょう。

 ## 暴力団排除条項

現在、賃貸借契約を含む様々な取引上の契約に「第○条　当事者双方は、相手方に対し、自己（法人の場合は、代表者、役員、又は実質的に経営を支配する者）が、暴力団、暴力団員、暴力団関係企業、その他の反社会的勢力（以下「反社会的勢力」）に該当しないことを表明する。第○条　当事者双方は、相手方が、反社会的勢力に該当することが判明した場合は、何らの催告なく、本契約を解除できる」等の条項を挿入することが通常になってきています。暴力団排除条項と呼ばれるものです。

暴力団対策法が施行され、また各地で暴力団排除条例が制定されていることを背景としています。しかし、既に契約したにもかかわらず、また金銭不払等の債務不履行もないのに、一方的かつただちに契約を解除してしまえる条項ですから、はたして有効なのかかが問題となります。

この点、契約自由の原則から、解除できる場合を契約で定めるのは原則として当事者の自由です。反社会的勢力と判明した相手方も、その自由に基づいてその内容で契約したのですから、暴力団排除条項は有効と解されます。その有効性を認める判例も現れています。

◆暴力団排除条項は有効か◆

契約自由の原則

当事者が、契約をするかしないか、契約の内容、契約を書面化するか等を自由に決められる原則

暴力団排除条項の有効性

契約自由の原則から、当事者は解除できる場合を契約で自由に定めることができる

↓

反社会的勢力と判明した相手方も、その自由に基づいて契約したことから、暴力団排除条項は有効で、解除することができる

　不動産賃貸借契約では、賃貸人が解除できるのは、賃借人が信頼関係を破壊した場合に限られると解されています。しかし、反社会的勢力ではないと表明して契約したにもかかわらず、実は反社会的勢力であったという場合は、信頼関係を破壊したといえますから、この点でも暴力団排除条項は有効です。

 ## 暴力団排除条項がなかったら

　それではこのような条項が契約になかった場合はどうでしょう？
　この場合は、反社会的勢力かどうかが契約締結時に当事者の関心事ではなかったともいえます。しかも、後にそのことが判明しただけで賃料不払い等の債務不履行もないのですから、信頼関係を破壊したとただちにはいえません。ですから反社会的勢力と判明しただけでは賃貸借契約を解除することは困難といえます。賃貸借契約に暴力団排除条項を入れておく必要性が認識されるべきです。

 ## 反社会的勢力かどうかを調べる方法

　警察庁は「暴力団排除等のための部外への情報提供について」という通達を出しており、その中で暴力団情報の提供の指針を定めています。そこで警察に相談すれば、その指針に従って必要性等に応じ情報提供をしてくれます。また各都道府県にある暴力追放運動推進センターも相談窓口となる組織です。

38 賃借人が賃貸借契約の解除通知を受領拒否した場合、解除の効力は生じるか

解除通知は相手方に届いて初めて効力を生じる。しかし、改正民法は、正当な理由なく受領拒絶された場合は解除の効力が生じる場合があることを明文化した

 解除の効力が発生する条件

　賃貸借契約を解除する賃貸人の意思は、賃借人に届いて初めて効力を生じます。口頭で直接言ってもよいのですが、明渡しを求める裁判では賃貸人側で解除したことを証明しなければなりません。そこでよく利用されるのが配達証明付きの内容証明郵便です。これならどのような通知がいつ届いたかを証明できます。

 解除通知が届かなかった場合、解除の効果はどうなる？

　名宛人である賃借人が、その住所に住んでいるのに内容証明郵便等が届かない場合があります。不在配達通知がポストに入っているのに一定期間内に郵便局に連絡して受領しなかったため留置（郵便局での保管）期間が経過した場合と、受領を明白に拒絶された場合です。

　それらの場合、「留置期間経過」または「受取拒否」という付箋が内容証明郵便等に貼られて差出人のところに戻ってきます。賃借人には届かなかったというわけです。

　しかし、受領拒否した場合はもちろん、留置期間経過の場合でもあえてその期間を経過させたような場合、賃貸人としてはやるべきことをやったのに解除の効力が生じず明渡しが求められないのは公平ではありません。

　そこで改正民法は、正当な理由なく通知が届くのを妨げた場合は、その通知は届いたものとみなす、ということを明文化しました（97条2項）。この規定は、相手方に自分の意思を通知する場合、一般に広く適用されます。

　賃貸人が発送した内容証明郵便等を賃借人があえて保管期間を経過させて受領しなかったり、明確に受領拒絶した場合（以下「受領拒絶等」）

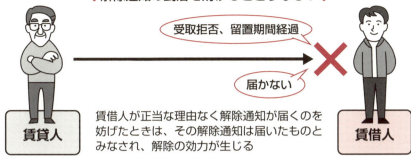

は、通常であれば届いたときに、その内容証明郵便等は届いたとみなされ、届いたのと同じ効果が生じるのです。これによって解除の効力が発生します。

これまでの判例を前提に設けられた規定であるものの、改正民法に明記されることで、より広く活用されるルールとなると考えられますから、重要な改正です。

 受領拒絶等されても届いたとみなされない場合

この改正は通知を届けたい側とそれを受ける側の公平の観点からなされる改正です。

そこで、「正当な理由なく届くのを妨げた」場合のみ、届いたとみなされるルールになっています。

たとえば、賃借人の知らない弁護士から依頼者の記載もない内容証明郵便が突然来た場合、気味が悪くて受領しないという場合もあるでしょう。届いていないのに届いたのと同じ効果を生じさせるわけですから、「正当な理由なく届くのを妨げた」とは、ある程度厳しく問われるべき条件といえます。そこで、この見知らぬ弁護士からのケースのような場合は、受領しない正当な理由があると考えられます。他方、家賃を長期間滞納していて賃貸人から何度も催促されて払わない状況の下で、その賃貸人から、または賃貸人代理人弁護士からの内容証明郵便を受領拒絶した場合は、正当な理由がないとして、その郵便は届いたとみなされるでしょう。

たまたま旅行で留置期間不在だったという場合も、正当な理由なく届くのを妨げたとはいえず、届いたとはみなされません。

39 民泊は旅館業か、賃貸業か

民泊は、「住宅」を利用する「宿泊契約」。「住宅」である点で旅館業と異なり、「宿泊契約」である点で賃貸業と異なる。民泊は、旅館業でも賃貸業でもない

 ## 民泊新法の成立

　2017年（平成29年）6月9日、住宅を利用した宿泊サービスの提供を促進するため「住宅宿泊事業法」（いわゆる「民泊新法」）が成立しました。

　同じ宿泊サービスを提供する旅館やホテル業との違いは何でしょう？マンションや家屋の賃貸業とはどう違うのでしょうか。

 ## 民泊と旅館・ホテル業の違い

　まず民泊と旅館・ホテル業を比べますと、両者とも客と宿泊契約を締結する点では同じです。一番の違いは、民泊では、利用される建物が住宅（＝人の居住のために使われている建物）であり（民泊新法2条）、旅館・ホテル業では、原則として住宅は利用されないという点です。

　民泊業と既存の旅館・ホテル業の競合を調整するため、民泊新法は、民泊は都道府県知事等に届け出ることで営業できる（同法3条）とする一方で、民泊で客を宿泊させることのできる日数は、1年で180日を超えられない（同法2条）、という規制を設けています。

 ## 民泊と不動産賃貸業の違い

　次に、民泊とマンション等の賃貸業を比べますと、両者とも一定の施設を貸して使用させるという点では同じです。一番の違いは、マンション等の賃貸業は、施設を利用させるだけの契約（賃貸借契約）に基づくのに対し、民泊は宿泊契約に基づくという点です。

　宿泊契約は、施設利用に加え、シーツなどのリネンの交換、部屋やトイレの清掃、一定レベル以上の換気、採光、照明、防湿等の衛生面や安全面のサービス・設備を提供する責任を業者側が負うものです。民泊と

◆民泊と旅館・ホテル、不動産賃貸の違い◆

	建物	宿泊日数	契約	衛生・安全管理等の責任
民泊	住宅(＝人の居住のために使われる建物)	1年で180日を超えることはできない	宿泊契約	民泊業者
旅館・ホテル	原則として住居以外	定めなし	宿泊契約	旅館・ホテル
不動産賃貸			賃貸借契約	賃借人

はサービスのレベルの違いがあるとしても、ホテル・旅館業が客と締結するのも宿泊契約です。これに対しマンション等の賃貸借契約では、衛生等の責任を負うのは賃借人です。シーツやトイレットペーパーを交換するのは賃借人なのです。他に宿泊契約には、マンション等の賃貸借契約と異なり、生活の本拠地を提供する契約ではないという特徴があります。数日間滞在するだけ、というのが典型的な宿泊契約なのです。

結局、民泊とは、賃貸業でも旅館業でもなく、「住宅を利用した宿泊契約を客と締結する事業」なのです。

国家戦略特別区域法による民泊

民泊新法が成立する前から、外国人観光客の急増による宿泊施設の需要増、民泊事業が広く行われている国もあるという実態を反映して、日本でも住宅を客の宿泊に利用することを広く認めていこうという動きが活発になっていました。

しかし、宿泊サービスを提供するということは衛生や安全に責任を持つことです。そのため、旅館業法に基づく許可が必要で、許可を得るには、設備の広さ、衛生・安全設備、住居専用地域による規制等をクリアしなければなりません。

そこで、国家戦略特別区域法で対象区域とされた東京都や大阪府、千葉県成田市、京都府等では、条例の条件をクリアすれば旅館業法の許可を得なくても外国人向け民泊営業が可能となっています。しかし、7日以上の利用期間が義務づけられる等利用勝手が良くなかったため、あまり利用されず、その経緯を経て、民泊新法が制定されたのです。

民泊と無断転貸、居住用マンションと民泊

賃借人が無断で民泊を始めたら、賃貸人は賃貸借契約を解除できる。マンションの民泊利用をやめさせることができるかは、マンション管理規約の内容による

 家屋を賃貸したら賃借人から民泊を始められた。無断転貸を理由に賃貸借契約を解除できるか

　民泊で締結される旅行者等の客との契約は、宿泊契約であって賃貸借契約ではありません。しかし、宿泊契約は施設を貸すという賃貸借契約の要素が含まれていますから、無断転貸の場合は賃貸借契約を解除できるとする民法の規定（612条）を（類推）適用できないかが問題となります。

　この点、無断転貸が解除理由とされる理由は、無断転貸がされると、賃貸人は信頼関係のない者に物件を使用されてしまう。家賃が払われるとしても、そのような状況を賃貸人が我慢する必要はない、という点にあります。これを賃借人が民泊を始めた場合と比較してみると、民泊では物件を利用する者（客）が頻繁に変わり不特定であるという点が通常の転貸と異なるだけで、賃貸人からすれば、信頼関係のない者に物件を相当な期間使用される点は同じです。使用する者が不特定多数である分、通常の転貸よりも賃貸人は信頼関係を持つことができないともいえます。宿泊契約には賃貸借契約の要素が含まれていることも併せ考えれば、賃貸物件を無断で民泊に利用された場合は、無断転貸借についての民法612条の（類推）適用によって賃貸借契約を解除できると考えられます。

 マンションの他の居住者が民泊を始めた。やめさせることはできるか

　これは、建物の区分所有等に関する法律（以下「法」）に基づくマンション管理規約がどうなっているかに大きく関わります。

　法は、マンションの区分所有者は、建物管理に関して区分所有者の共同の利益に反する行為をしてはならないと定めています（法6条1項）。

所有者でないマンションの賃借人も同様です（法6条3項）。そのうえで、法に規定されている以外の管理や使用に関する事項は管理規約で定めるものとしています（法30条）。

そして、国交省のマンション標準管理規約には「区分所有者は、その専有部分を専ら住宅として使用するものとし、他の用途に供してはならない」という条項があり（12条）、多くの居住用マンション管理規約にはこの条項が存在します。

そこで、マンションの所有者や賃借人が民泊を始めた場合、民泊として客を宿泊させることが「専ら住宅として使用する」という管理規約に反するか、または法の「共同利益に反する行為」に当たるかが問題となります。

この点、民泊もマンションの利用方法の一つなので、民泊を始めて不特定多数が出入りしたからといって、ただちに「共同利益に反する行為」とまではいえないと思われます。しかし、民泊は不特定多数を対象とする「宿泊契約」であって、生活の本拠を提供する賃貸借契約ではありません。実態としても数泊程度の利用が繰り返されるものです。したがって、民泊は「専ら住宅として利用する」行為ではないと考えられ、上記管理規約に違反します。仮に「民泊は禁止」という条項が規約に入れられていれば、もっと端的に規約違反に該当します。

管理規約に違反する民泊が行われた場合、マンションの管理組合は、その差し止めを請求できます。著しく他の住人の利益を害する場合は、判決より早く決定が出る仮処分手続による差し止めも可能です。

41 改正民法施行前に締結された賃貸借契約には、施行後、旧法と新法のどちらが適用されるか

改正前の民法（旧法）が適用される。改正民法施行前に締結された契約等に旧法と新法のどちらが適用されるかは、改正民法の附則に定められている

 具体的な適用関係

　改正民法の施行前に締結された契約や、施行前に発生していた利息や遅延損害金について、改正民法施行後、改正民法と改正前の民法のどちらが適用されるかが問題となります。

　この点は改正民法の「附則」に定められています。具体的には、施行前に発せられた解除等の意思表示の到達（6条2項・以下の条文は附則）、施行前に生じた賃料等の消滅時効期間（10条4項）、施行前に生じた利息や遅延損害金の法定利率（15条1項、17条3項）、施行前にされた保証契約（21条1項）、施行前にされた債権譲渡（22条）、施行前に締結された契約の解除（32条）、施行前に締結された賃貸借契約や売買契約（34条1項）、これらについては、改正民法施行後も、改正前の民法が適用されます。

　したがって、改正民法施行前に締結された不動産賃貸借契約については、施行後も改正前の民法が適用されることになります。

　それでは、改正民法施行前に締結された賃貸借契約が、施行後に更新された場合、その更新契約についてはどうなるのでしょう？

　この場合、附則の条項からははっきりしないものの（34条）、法務省の見解は、改正民法施行前に締結された賃貸借契約が施行後に更新された場合は、原則として改正民法（新法）が適用される、とするものです。

　他方、施行前に締結された定型約款については、施行後は改正民法の適用を受けるのが原則です（33条）。

　施行に際してはこの適用関係が重要になりますから、注意しておく必要があります。

索　引

あ行

- 一部使用不能 …………………… 52

か行

- 解除 ………………… 54、80、86
- 解除通知の受領拒絶 …………… 86
- 改正の理由 ………………………… 7
- 改正民法 …………………………… 6
- 改正民法附則 …………………… 92
- 元本の確定 ……………………… 16
- 協議による時効の完成猶予 …… 72
- 強行規定 …………………………… 8
- 極度額 ………………… 12、13、23
- 極度額の定め方 ………………… 14
- 契約自由の原則 ………………… 84
- 原状回復 ………………………… 56
- 合意解除とサブリース ………… 40
- 公正証書ルール ………………… 30
- 高齢者居住安定確保法 ………… 72
- 個人根保証 ……………………… 12
- 個人保証人の極度額の上限 …… 14
- 個人保証人の保証範囲 ………… 16
- 国家戦略特別区域法 …………… 89

さ行

- 債権 ………………………………… 6
- 債権者代位権 …………………… 77
- 債権譲渡の対抗要件 …………… 79
- 債権法 ……………………………… 6
- 債権法改正 ………………………… 6
- 催告 ……………………………… 80
- 催告不要の解除 ………………… 81
- サブリース ……………… 38、40
- 敷金 ……………………… 42、46
- 敷金の差押え …………………… 46
- 敷金の清算・返還時期 ………… 42
- 敷金の返還の範囲 ……………… 42
- 時効の援用 ……………………… 70
- 修繕義務 ………………………… 48
- 商事法定利率 …………………… 74
- 使用妨害 ………………………… 62
- 消滅時効期間 …………………… 70
- 将来家賃の譲渡 ………………… 78
- 書面等 …………………………… 12
- 信頼関係破壊の理論 …………… 80
- 造作買取請求権 ………………… 60
- その他のルールの改正 ………… 9
- 損害賠償 ………………………… 65

た行

退去の際の撤去義務 …………………… 60
建物所有目的の土地賃貸借の
　最長期間 ………………………………… 67
建物の区分所有等に関する法律 …… 90
遅延損害金の利率 ……………………… 74
賃借人の原状回復義務 ………… 56、58
賃借人の修繕権 ………………………… 50
賃借人の説明義務 ……………………… 24
賃貸借契約の最長期間 ………………… 66
賃貸借ルールの改正 …………………… 8
賃貸人の修繕義務 ……………………… 48
賃貸人の情報提供義務 ………………… 26
賃貸人の損害賠償請求権（消滅時効）
　……………………………………………… 64
賃貸人の保証人への説明義務 ……… 26
通常損傷と原状回復義務 ……… 57、58
通常の損傷 ……………………………… 56
定期借家契約 …………………………… 67
定型約款 ………………………………… 82

な行

任意規定 ………………………………… 9

は行

反社会的勢力 …………………………… 84
必要費 ……………………………… 36、51

不法行為の時効 …………………… 65
分割払い債務 …………………………… 29
法定利率 ………………………………… 74
暴力団排除条項 ………………………… 84
保証会社 ………………………………… 22
保証契約が取り消される場合 ……… 25
保証債務の附従性 ……………………… 28
保証する範囲 …………………………… 16
保証人の責任 ……………………… 20、28
保証ルールの改正 ……………………… 8

ま行

民泊 ………………………………………… 89
民泊新法 ………………………………… 88
民泊と不動産賃貸業 …………………… 88
民泊と旅館・ホテル業 ………………… 88
民法 ………………………………………… 6
無断転貸 ………………………………… 90

や行

家賃請求権 ……………………………… 78
家賃の差押え …………………………… 46
家賃の消滅時効期間 …………………… 70
家賃の当然減額 ………………………… 52
約款 ………………………………………… 82
有益費 ……………………………… 36、51
用法違反による損害賠償請求 ……… 60

中島　成（なかしま　なる）

昭和34年8月生まれ。東京大学法学部卒。
裁判官（名古屋地方裁判所）を経て、昭和63年4月弁護士（東京弁護士会所属）。平成2年中島成法律事務所（現 中島成総合法律事務所）を設立し、同事務所主宰。
日本商工会議所・東京商工会議所「会社法制の見直しに関する検討準備会」委員、東京商工会議所「経済法規・CSR委員会」委員等を務める。主な業務は、企業法務、事業再生等。不動産賃貸に関する案件も多く取り扱っている。
『図解でわかる会社法』『入門の法律　商法のしくみ』『図解　会社法のしくみ』（以上、日本実業出版社）、『民事再生法の解説～企業再生手続～』『個人情報保護法の解説』（以上、ネットスクール）など著書多数。

【連絡先】
〒104-0061
東京都中央区銀座6丁目2番1号　Daiwa銀座ビル2階
中島成総合法律事務所
TEL：03(3575)5011(代)
E-mail：info@nakashima-law.com
Home Page：http://www.nakashima-law.com

これならわかる改正民法と不動産賃貸業
2017年8月1日　初版発行
2020年1月1日　第3刷発行

著　者　中島　成　©N.Nakashima 2017
発行者　杉本淳一

発行所　株式会社日本実業出版社　東京都新宿区市谷本村町3-29 〒162-0845
　　　　　　　　　　　　　　　　大阪市北区西天満6-8-1 〒530-0047
　　　　編集部　☎03-3268-5651
　　　　営業部　☎03-3268-5161　振　替　00170-1-25349
　　　　　　　　　　　　　　　　https://www.njg.co.jp/

印刷／厚徳社　　製本／共栄社

この本の内容についてのお問合せは、書面かFAX（03-3268-0832）にてお願い致します。
落丁・乱丁本は、送料小社負担にて、お取り替え致します。

ISBN 978-4-534-05514-9　Printed in JAPAN

日本実業出版社の本

知りたいことがすぐわかる
図解　会社法のしくみ

中島　成
定価 本体 1600円（税別）

株主総会の意義、会社の機関設計などから、キャッシュアウト、多重代表訴訟、コーポレートガバナンスなどまで、図表をまじえてやさしく解説。押さえておくべき改正会社法が理解できる一冊です。

図解 いちばんよくわかる
最新　個人情報保護法

辻畑　泰喬
定価 本体 1800円（税別）

改正法施行により、ほとんどの事業者が個人情報保護法の対象になりました。本書では改正ポイントから、個人情報の範囲、取得・保管・活用・提供するときの事業者の義務などまでを解説します。

最新　コーポレートガバナンスのすべて

北地達明・北爪雅彦・松下欣親　編
定価 本体 2800円（税別）

新会社法、コーポレートガバナンス・コード、日本版スチュワードシップ・コードなどとともに、取締役会改革やリスクマネジメントの役割と課題などを解説。求められる経営の姿が理解できます。

この1冊でわかる！
「改正民法」要点のすべて

早稲田リーガルコモンズ法律事務所
定価 本体 1500円（税別）

6月2日に公布された改正民法は、新たなルールも多く導入することから、企業法務や契約実務に大きな影響を及ぼします。何がどう変わったのか、どんな影響があるのか、改正の要点を解説します。

定価変更の場合はご了承ください。